中公新書 2192

井上寿一著

政友会と民政党

戦前の二大政党制に何を学ぶか

中央公論新社刊

はじめに

二〇〇九（平成二一）年の政権交代は、自民党の保守一党優位体制から民主党と自民党の二大政党制への転換の画期となるはずだった。ところが実際には、民主党の自民党化が急速に進む。何のための政権交代だったのか。今ではわからなくなっている。

これからの日本は二大政党制が成立するのか。考える手がかりを求めて歴史をさかのぼると、戦前の二大政党制の時代に行き着く。一九二五（大正一四）年から一九三二（昭和七）年までの短い期間ではあったけれども、今日に示唆するところは多い。本書は戦前の二大政党制の成立・展開・崩壊を追跡することによって、日本で二大政党制が成立する条件を歴史の観点から考えてみたい。

二大政党の一方、立憲政友会（以下、政友会と略記）は一九〇〇（明治三三）年に伊藤博文《いとうひろぶみ》が創設した。政友会は政友「会」であって、政友「党」ではない。伊藤は創設の趣意書で政党に対する国家の優位を確認している。この趣意書に副署を許さなかった伊藤は、政友会の独裁的な指導者の地位を確立する。政友会はいわば反政党的な政党として出発した。

反政党＝政友会はその後、大きく転換する。「平民宰相」原敬《はらたかし》の政治指導の下、政友会は第一次世界大戦前後の国際的な潮流に乗りながら、党勢の拡大に成功していく。

党勢拡大は貴族院に及ぶ。帝国憲法下の議会は貴族院（皇族・華族・勅任議員）と衆議院（公選議員）の二院制だった。両院は衆議院に予算の先議権がある以外、対等になっていた。衆議院で多数派を制してもそれだけでは思いどおりにはならない。原は貴族院に手を伸ばす。閣僚に貴族院議員を迎え入れる。貴族院の政党化が進む。

他方で「平民宰相」原は、普通選挙制度を時期尚早論と考える立場だった。原の政友会は保守化する。政友会は資本家と地主を主な支持勢力とする政党だった。

それゆえ一九二八年の第一回普選を言祝《ことほ》ぐ資格があったのは、前年に政党合同によって生まれた新党＝立憲民政党（以下、民政党と略記）の方である。二大政党制の確立を目標に掲げる民政党は、普選に抵抗する政友会を批判した。民政党は若槻礼次郎《わかつきれいじろう》や浜口雄幸《はまぐちおさち》（いずれも大蔵官僚出身）のように官僚出身者が多い。民政党は官僚組織との連携によって、漸進的な民主化を進め、とくに社会政策をとおして社会民主主義の政党をめざすようになる。

民政党の「議会中心主義」に対して、政友会は「皇室中心主義」を唱える。「議会中心主義」対「皇室中心主義」の対立は相対的なものである。民政党が「皇室中心主義」を批判することはなかった。対する政友会も「議会中心主義」を事実上、受容している。どちらの政党も立憲君主国として国家目標を掲げる点では同じだった。陸軍の組織利益を守るために政友会に入った田中義一《たなかぎいち》（陸軍大将）であっても、総裁・総理の座に就けば「議会中心の政治」を強調するようになる。二大政党制は国家的な基本目標の共有を前提として成立する。一九二五年八月の第二次加藤高明《かとうたかあき》内閣（憲政会）から一九三一年一二月の犬養毅《いぬかいつよし》内閣（政友会）までの時期、大命降下《たいめいこうか》（天皇が元老［西園寺《さいおんじ》公望《きんもち》］の助言に基づいて首相候補者に組閣を命じること）は民政党（憲政会の後身）か政友会のいずれかの総裁だった。ここに政友会と民政党の二大政党制が展開することになる。

二大政党の政策距離は接近する。ところが政策距離の接近が二大政党制の限界となっていく。一九二〇年代の平和とデモクラシーの時代は協調外交が基本的な前提だった。この観点から政友会は不戦条約を結ぶ（一九二八年）。民政党もロンドン海軍軍縮条約を結ぶ（一九三〇年）。あるいは国内政策についても社会政策は、実施の是非を超えて、どちらの政党の方がより速くより確実に実現できるかを競争するようになる。

他方で政友会と民政党が総選挙で議席の八〇パーセントを占め続けると、政権は二大政党のどちらか一方に必ず回ってくるようになる。ここに二大政党制の病理現象が現われる。党利党略による足の引っ張り合いが始まる。反対党の失策は敵失となって、自党が政権政党になることを約束する。民政党は不戦条約に難癖をつける。政友会はロンドン海軍軍縮条約を「統帥権干犯《かんぱん》」と非難する。国民は二大政党の党利党略に呆《あき》れる。政党不信が高まる。

その時三つの危機（経済危機・対外危機・テロとクーデタの国内危機）が日本を襲う。政友会と民政党は立場のちがいを超えて協力を試みる。満州事変に対して二大政党は協力内閣構

総選挙における各党派の獲得議席数（改選数はいずれも466）

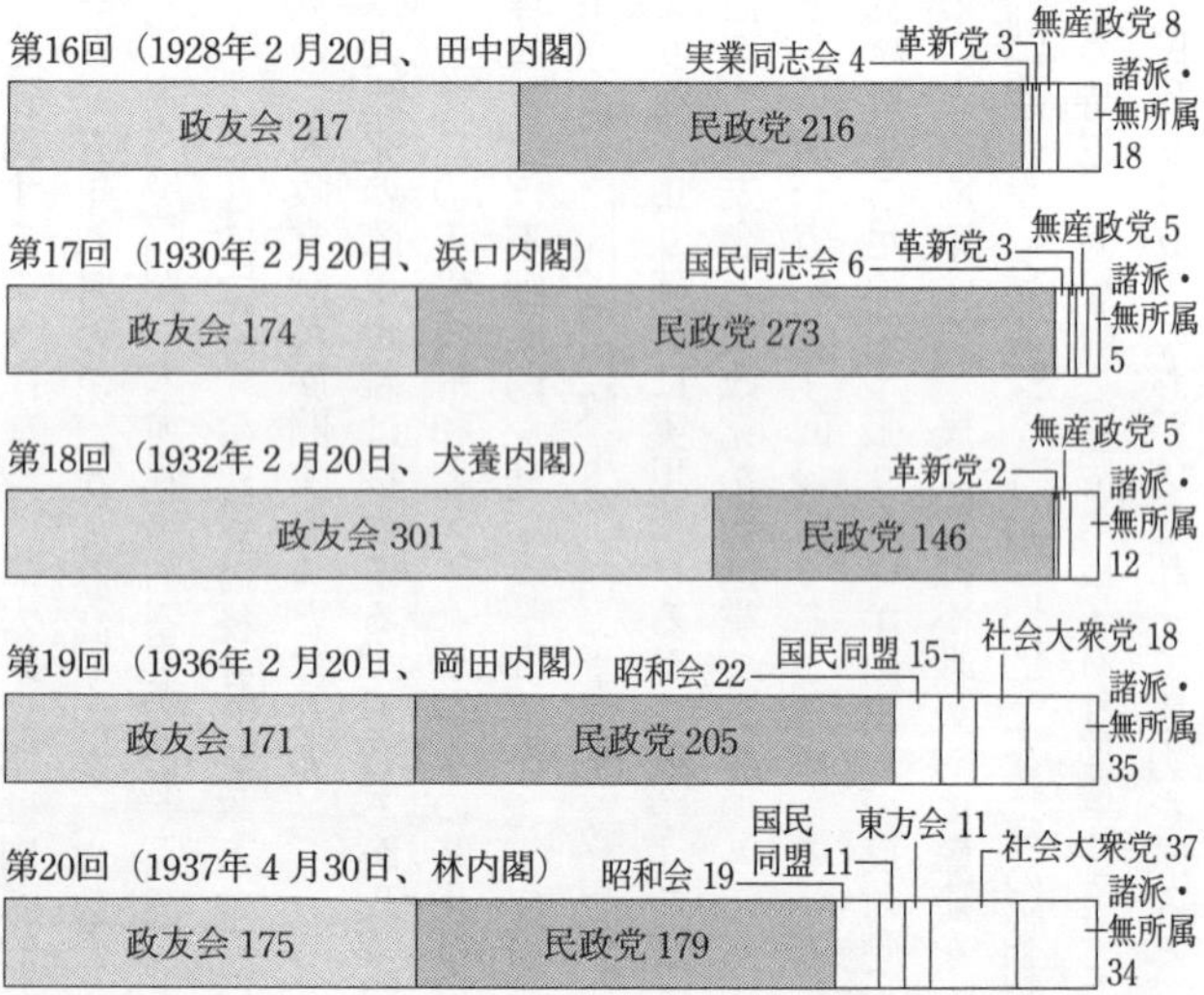

（『近代日本総合年表　第二版』などより作成）

想で対抗する。この構想は実現しなかったものの、その後も政民提携路線は続く。時代の国際的な潮流は、二大政党制に代わる新しい政党政治システムの模索を促す。イギリスの挙国一致内閣、アメリカのニューディール連合などの欧米先進国と同様に、日本も二大政党間の提携に止《とど》まらず、無産政党勢力との連携による新しい政党政治システムの確立をめざす。

その途中で日中全面戦争が勃発する（一九三七年七月）。戦争の拡大は既成政党の解消から新党構想へ、さらには大政翼賛会の成立（一九四〇年一〇月）をもたらす。この政治過程は軍部が政党を押しつぶしたというよりも、政党が自壊する過程だった。

敗戦後すぐに、二大政党は看板を掛け替えて復活する。戦後の政党政治は政友会と民政党の政治的な遺産の継承の上に成立した。

戦前日本の二大政党制の歴史は振り返るに値する。政友会と民政党の二大政党の歴史はこれからの日本の複数政党制を考える際に、多くの示唆を与えるにちがいない。

引用は読みやすさを優先させた。原則として漢字は新字体・常用漢字に、かなづかいは現代かなづかいに改めるなどの変更を加えた。カタカナをひらがなに改めた箇所や句読点・濁点を補った箇所もある。なお引用文中に、今日では差別・偏見ととられる不適切な表現がある。しかし歴史資料であることを考慮して原文のまま引用した。

政友会と民政党　目次

はじめに

肖像写真　国立国会図書館蔵

伊藤博文（四頁）
原敬（一四頁）
高橋是清（一七頁）
加藤高明（二〇頁）
田中義一（二二頁）
浜口雄幸（三八頁）
若槻礼次郎（三八頁）
西園寺公望（七六頁）
犬養毅（八三頁）
鈴木喜三郎（一四三頁）

政友会と民政党

Ⅰ　政友会——保守政党から包括政党へ

1　政友会の成立

政友会の逆説

帝国憲法は政党内閣を排除する。天皇大権と議会が対立するからである。帝国憲法は天皇親政（天皇による大権の直接行使）を憲法解釈上、否定する。大権の直接行使を認めれば、天皇に責任が及ぶからである。

大権を委任された国家機関は独立して天皇に結びつく。たとえば外交大権を委任された外務省と統帥大権を委任された参謀本部は対等である。開戦を主張する参謀本部と開戦回避を主張する外務省が対立するとどうなるか。このままでは意思決定ができない。帝国憲法の制定後、しばらくは藩閥（明治維新を推進した旧藩出身者の政治集団）政府が天皇の代わりに意思決定をおこなった。しかし時間の経過とともに、影響力を失っていく藩閥が日本の近代化を推進するのは困難になる。代わりに政党が帝国憲法の下で政治を動かす主体になっていく。ところが政友会は反政党の政党だった。この逆説は三つの観点から説明できる。

第一に政友会は国家の利益を最優先する公党だった。国民の利益を重視する民党を政党と呼ぶならば、政友会は反政党の立場に立つ。創設者＝伊《い》藤博文《とうひろぶみ》（一八四一―一九〇九年）は一九〇〇（明治三三）年九月一五日、政友会の発会式の宣言で、国家との一体感を強調する。「至尊大権の発動の関係する立法権に参与する国民の責務に付て、成るべく国家の目的と符合する動作行為に出《い》でんことを望む」。

伊藤博文

国家の利益を擁護する伊藤は政党政治家を嫌う。伊藤にとって政友会とは、私的利益を追求する政党を抑制する政党のことだった。

第二に政友会は民党に対する吏党（政府を支持する政党）の系譜を持つ政党だった。伊藤はこの出自を隠そうとしない。伊藤自身がそうだったからである。

別の言い方をすれば、政友会の結成をとおして「官僚の政党化」が進んだ。結成時の主要メンバーには官僚出身者が名を連ねている。たとえば伊藤系の官僚の渡辺国武《わたなべくにたけ》、金子堅太郎《かねこけんたろう》、西園寺公望（一八四九—一九四〇年）、あるいは外務官僚の原敬（一八五六—一九二一年）、内務官僚の都筑馨六《つづきけいろく》などである。

伊藤は政友会の結成後、内閣を組織する（一九〇〇年一〇月一九日）。軍部大臣と外相以外はすべて政友会員の閣僚のなかで、内務・大蔵・法務の重要ポストに就いたのは、伊藤系の官僚出身者だった。伊藤の政友会内閣によって、官僚組織と政党の一体化が顕著になっていく。

第三に政友会は伊藤の個人政党だった。伊藤は政友会の結成の趣意書に副署を許さなかった。署名は「公爵　伊藤博文」だけである。趣意書は「恰《あたか》も政府が、属僚に与うる訓示に類し、頗《すこぶ》る厳粛にして、且つ命令的」だった。伊藤は一九世紀イギリスの政治家ベンジャミン・ディズレーリの言葉を引用して、「党員は又絶対的に其《その》首領の命令に服従しなければならぬ」と強調する。この点は会則に反映している。会則には総裁選出に関する規程がない。組織の主要な委員会は人選も人数も総裁が決めることになっていた。要するに政友会は総裁専制の組織だった。

政友会の総裁専制の背景には伊藤の政党観があった。伊藤は前年の全国遊説の際につぎのような政党観を披露している。「政党なるものを如何《いか》なる意味に解するかと云《い》えば今の日本に於《おい》ては余り重きを措《お》き過ぎて間違って居《お》る、政党と云うものは政見の異同と云うことに過ぎない」。

政友会結成当時　1900年10月３日撮影

伊藤にとって政党政治家であることは、選挙で選出されたか否かを問わなかった。政友「党」ではなく、政友「会」の名称を持つ伊藤の政友会は、近代的な政党組織とは異なる、彼の個人政党だった。

山県有朋対伊藤博文

伊藤はさきの発会式でもう一つ、「反対の政治家」に対しても「能《あた》う限り援助」する旨の重要な発言をしている。「反対の政治家」とは誰か。時の首相、山県有朋《やまがたありとも》（一八三八―一九二二年）のことだった。

伊藤の発言は怪しむに足らない。伊藤は政党内閣を排除する帝国憲法の起草者である。対する山県は首相に就任する前に、二度、組閣した伊藤の内閣の閣僚を歴任している。高杉晋作《たかすぎしんさく》の奇《き》兵隊《へいたい》の軍監として活躍した山県は、明治国家の〈強兵〉路線を推進する。伊藤も山県も自由民権運動に向かい合った明治国家の建設者だった。

それゆえ政党をめぐる山県と伊藤の対立は相対的である。両者は国家の優位性の確保で共通する。ちがいがあったとすれば、それは手段のちがいだった。政党の影響力を排除しようとした山県に対して、伊藤は国家に従属的に協力する政党を作ろうとした。「勉《つと》めて山県の感情を融和せんとした」伊藤は、政友会創設の翌月、山県から政権を譲り受ける。この伊藤内閣は政党内閣だったのか。「私は特に政党内閣を希望するものでもなく又政党内閣を妨げるものでもない」。陸・海・外の三大臣を除くすべての閣僚が政友会の会員だったにもかかわらず、伊藤はそう言った。

最初のつまずき

政友会の機関誌『政友』第一号は、創刊号にはふさわしくない、体裁の悪い附録がついている。「渡辺子爵事件に関する顚末《てんまつ》」と題するこの附録は、政友会の最初のつまずきがどこにあったかを示す記録である。

「渡辺子爵」とは伊藤の側近で政友会創立委員会委員長を務めた渡辺国武を指す。大蔵官僚出身の渡辺は蔵相のポストを当然視していた。しかし伊藤の意中の人物は井上馨《いのうえかおる》だった。憤慨した渡辺は、政友会脱退の意思表示として、伊藤と政友会を非難する新聞談話を発表した。

『政友』の附録は状況の正確な報告になっている。事の発端は、伊藤が組閣の大命を拝した際の発言だった。「閣臣推薦の事の如《ごと》きは一《いっ》に予が意思に於て決すべく一々多数の総務委員に協議する能わず」。渡辺は反論する。「予は政友会の事に於て夙《つと》に尽力し来《きた》れるも近日疎外せられて一事も内談を受けず殆《ほとん》ど信用せられざるなり」。伊藤は総裁専制を貫く。政友会は、脱会による抗議を認めず、要職からの事実上の解任をもって応じた。

政友会は、総裁専制とポストをめぐる利権にともなう政治腐敗とを併せ持つ政党として、不名誉な出発をする。

外交政策の出発点

伊藤はさきの発会式の演説で、「今日の如き内外の形勢」では対立する山県内閣といえども援助しなくてはならないと述べている。そのような「内外の形勢」とは具体的には何だったのか。

前年の一八九九（明治三二）年に起きた民衆反乱の拡大が大陸の国際情勢を緊迫化させていた。排外主義的な地域自警組織=義和団《ぎわだん》による民衆の攘夷《じょうい》運動は、欧米列強による清国《しんこく》分割に反対して、武力衝突を引き起こす。義和団「事件」は北清「事変」へと拡大する。

義和団の直接の攻撃対象は欧米列強であって、日本ではなかった。しかしイギリスが日本に鎮圧のための派兵を求めてきた。山県内閣は応じる。イギリスの求めによるというよりも、つぎの点を重く見たからである。「事件」から「事変」への拡大に乗じて、いち早く出兵したロシアが満州を占領する。日本の韓国に対する影響力が低下するのではないか。この危機感が出兵に踏み切らせた。

七月六日の閣議は出兵を決定する。六月二〇日から始まった北京《ペキン》の列国公使館区域の包囲攻撃は、列国側が八月一四日までに鎮圧する。伊藤内閣が成立したのは、一〇月四日にフランス政府が列国政府に対して講和条件を提議した直後の同月一九日のことだった。

一〇月一五日付発行の『政友』創刊号は、「極東問題に対する欧米の輿論《よろん》」と題する記事において、欧米の新聞・雑誌の論調を紹介している。どのような記事を選択的に掲載しているか。『政友』は北清「事変」に対する伊藤の政友会の対応を間接的に知る手がかりとなる。

ある雑誌の抄訳の一節はイギリスの対応について言う。「支那《シナ》に於ける門戸開放を唱うるや若《も》しも門戸開放に対して露国の反対するとあらば英米は勿論《もちろん》独も亦《また》門戸開放を唱えて露に反抗すべし」。中国をめぐる英米対露独の対立も、門戸開放原則の賛否については英米独対露になる。この記事はそう示唆する。

別の記事の抄訳の一節はイギリスの対応について、異なる観測を記す。「近来英国政治家中に於て一般に極東問題に関して露国と協商し以《もっ》て無用の争隙《そうげき》を避けんとするの思想を抱く者あるに至りとは一の事実として認識せざる可《べ》からざる所なり」。こちらは極東問題をめぐる英露協商路線の可能性に言及している。

どちらにしてもイギリスの動向を最重要視していたことがわかる。実際のところ、伊藤内閣の対応もそうなっていく。

北清事変をめぐる極東問題に対して通説的な理解は、「親露派」の伊藤と「強硬派」の加藤高明《かとうたかあき》外相（一八六〇―一九二六年）・小村寿太郎《こむらじゅたろう》駐清公使の意見対立を指摘する。ところが列国の基本原則が中国の門戸開放の確認へと傾いた時、「親露派」の伊藤といえども、これには反対していない。ここに伊藤の政友会内閣は対英米協調路線を選択し直した。

この対英米協調路線の背景には、中国をめぐる政友会の経済的な関心があった。『政友』創刊号にはそのことをうかがわせる記事がある。「日清貿易の趨勢《すうせい》」と題する、統計数字をまじえた記事は、一八九九年一月から八月までの間に生まれた日清経済関係の発展を強調する。他方で義和団事件をきっかけとして「本年は不幸にして一大頓挫を来たしたり」と嘆息する。「我が商工業者の為《た》めに、我が国家経済の為めに、騒乱の一日も早く鎮定せん」ことを望む。この記事の立場からすれば、門戸開放原則による中国市場への再参入は、歓迎すべきことだったにちがいない。

国内政策の出発点

近代日本政党史研究の古典と呼ぶべき升味準之輔『日本政党史論』は「政友会と民政党」に一章を割いて、つぎのように指摘する。「日本近代史に一貫してみられる傾向は、中央化である。中央—地方のバランスがゆれながら中央に傾く。勢力が地方的レヴェルから中央レヴェルに移動する。中央部分が肥大し、地方部分が縮小する。それは巨大な造山運動に似ている」。日本近代史に通底する一般的な傾向としての「中央化」が指摘のとおりだとすれば（事実そのとおりなのだろう）、政友会は少なくとも創設の当初、「中央化」に抵抗する国家の基本路線をめざしていたことになる。明治国家の「集権的官僚制」の構築に関与した重要人物の伊藤の政友会は、中央と地方の平等化を国家目標に掲げて、地方自治を尊重する政党だった。

政友会発会式での伊藤の発言を確認する。「一方に於ては地方の行政に就ても考えなければならぬ。斯《か》く多数の同志を糾合する内には地方より上京されたる人々もあるべく、又夫《そ》れぞれ代表者もあることと考えるが、是《これ》まで政党員たりし人々も多いが、又嘗《かつ》て政党に入らざりし人も少からぬことと考える。是等に対する私の希望は、其新旧の間に従来横《よこた》わる感情を調和して地方の利益を計る事である」。

伊藤は地方利益の拡大をとおして中央—地方関係の平等化を進めようとする。地方利益の拡大は偏ってはならない。そう考える伊藤は参加者に協力を求める。「地方の行政自治は充分公平ならんことを望む。而《しこう》して地方々々に於て今日まで軋轢《あつれき》し来りたる感情を和げて、各地方の幸福を増進することに尽力を望む」。

地方地主を有力な支持基盤とする政友会にとって、地方の重視は当然だったのかもしれない。しかし「地方の行政自治」の「充分公平」なことを求めた伊藤の発言は、支持基盤向けのアピール以上の意味があった。

この点について、『政友』第二号の論考「地方自治に就て」の内容は検討に値する。「法学士窪田静十郎《くぼたせいじゅうろう》」による論考は、個人名であっても、政友会にとって地方自治とは何だったかを知る傍証になるからである。

この論考は地方自治に対する従来の消極的な定義から、欧州の地方自治を模範とする積極的な定義への転換を論じる。それまでの地方自治とは「国の法律に遵依し、名誉職を以て事務を処理する」ことだった。対する著者はこう主張する。「地方自治が貧富相補い強弱相助け以て隣保相互の福利を増進するが為めに存するものたること疑《うたがい》を容《い》るべからず」。

著者は欧州の地方自治の発展に目を見張る。上下水道、道路はもとよりさまざまな公共施設、あるいは「労働者住家」として「市費を以て貸長家及《および》木賃宿」を建設し、あるいは「市立の浴場、洗濯場を設備」している。著者は嘆息する。日本の「公衆」に「其利益を享有することを得るに足るべきの設備ありや」。

地方の自治体が中心となってインフラを整備しなくてはならない。それには中央政府の協力が必要だ。このような著者の立場はイギリスの地方自治を模範としていた。地方自治は「自働的に能《よ》く発達すべきものなりと思惟《しい》するは誤謬《ごびゅう》の甚しきものなり」。そう言う著者は、イギリスのように中央政府が地方に国庫補助を与えて、「又一面には其監督権に服従せしめて、幾多の法令規則を以て、之《これ》を督励」すべきだと考えた。この論考が政友会の国内政策を示唆していたとするならば、それは中央—地方の協力関係による地方自治の重視だった。

2　三人の総裁

原　敬

反政党的な政党として出発した政友会は、対欧米協調の外交政策と地方自治重視の国内政策をいわば原資として、近代的な政党へと変貌を遂げる。この過程を加速したのが政友会総裁原敬だった。

第一次世界大戦の勃発（一九一四［大正三］年七月）に際して、時の大隈重信《おおくましげのぶ》（一八三八—一九二二年）非政党内閣は、日英同盟に基づいて参戦する一方で、中国に対して、二一ヵ条の帝国主義的な要求（山東《さんとう》省のドイツ権益の継承や中国政府の政治・財政・軍事顧問への日本人の採用など）を突きつけた。

対する原の政友会は、対米協調の立場から参戦に反対した。アメリカは中立・参戦回避の姿勢だった。そこに二一ヵ条問題が起こる。アメリカは日本を批判する。大隈内閣と対立していた原の政友会は、対米協調路線を強める。アメリカが参戦へ転換する。政友会も参戦支

原敬

持へと転換する。政友会にとってこれは路線転換ではなかった。対米協調で一貫していたからである。

一九一八年九月、原は政権の座に就く。原は第一次世界大戦をはさむ前後で欧州の没落とアメリカの台頭を予測した。この国際情勢認識の的確さが政友会の地位の向上をもたらす。その結果が原内閣の成立だった。

政友会の対欧米協調路線を対米協調に引きつけて継承した原は、国内政策の基本路線についても同様の立場だった。原敬の政治指導の古典的な研究は、原によって「方向付けられた政友会の鉄道政策＝地方主義的鉄道政策」を分析する。それは要するに「港湾の改良とそれに伴なう海運の発展によって既成線を補完しつつ、地方線の増設をすべてに優先させることによって、対内的な地方的利益の要求に応えようとするものであった」。

このように原は政友会の基本路線の正統的な継承者だった。他方で原は別の意味でも伊藤の作った政友会を継承した。原は政友会の結成時に伊藤が自身の率いる官僚閥のひとりである。外務官僚出身の原は、一方では鋭敏な国際情勢認識によって政友会の地位を高めつつ、他方では官僚主導の政治を進める。

それだけではなかった。伊藤の政友会が山県から政権を譲り受けたように、原も政権の座に就くために、当時、最長老の元老としてもっとも大きな影響力を持っていた山県からの支持の獲得に努める。山県への原の接近は、非政党勢力への依存を強めることになる。

原は山県の信任を普選時期尚早論によって得る。第一次世界大戦後の国際的なデモクラシー化は日本の民主化運動に波及する。一九二〇年一月の全国普選期成連合会の結成、二月の野党（憲政会・国民党・普選実行会）による普選法案の議会提出と続く。議会の外では普選大示威運動が展開する。

原は普選時期尚早論の立場から衆議院の解散・総選挙によって対決姿勢を強める。原を嫌う大正デモクラシーの理論的指導者＝吉野作造《よしのさくぞう》は、原の意図を見抜いていた。「今日我が国において政局を巧みに操縦するには、反対の傾向に立つ二大勢力の間をたくみに跨《また》ぎおおせる事が必要だ。一つは元老を中心とする保守的勢力であり、一つは民間に鬱勃《うつぼつ》たる進歩的勢力である」。普選時期尚早論によって、原は「政局を巧みに操縦する」。なぜならば山県を筆頭元老とする「保守的勢力」の支持を得ながら、「進歩的勢力」に対抗できたからである。

国際的なデモクラシー化に対応しなくてはならなくても、原にとっては国内の権力基盤の確立の方がさきだった。原は山県の支持を必要としていた。原は普選時期尚早をめぐって解散・総選挙をおこなう理由を説明する。「漸次に選挙権を拡張する事は何等《なんら》異議なき処〔中略〕階級制度打破と云 うが如き現在の社会組織に向て打撃を試んとする趣旨より納税資格を撤廃すと言うが如きは実に危険極る次第にて〔中略〕寧《むし》ろ此際《このさい》議会を解散して政界の一新を計るの外なきかと思う」。

野党の普選法案や普選促進大示威運動は、漸進的な民主化を求めていた。この主張の正当性をおとしめるために、原は普選要求運動が漸進的な民主化ではなく、急進的な民主化を求めていると誇張した。

急進的な民主化を求めていたのは、普選要求運動ではなく、社会主義運動の方だった。社会主義運動は、普選による合法的な手段よりも直接的な行動によって革命の実現をめざした。実際にたとえば当時の社会主義運動家のひとり山川均《やまかわひとし》は普選に反対している。別の言い方をすれば、社会主義者は合法政党としての無産政党が多くの議席を獲得できると考えなかった。原はこのような急進的な民主化運動を針小棒大に見せることで普選時期尚早を正当化し、政友会の保守化を進めた。一九二〇年五月の総選挙で政友会は議席の六〇パーセントを得る。普選時期尚早を掲げて選挙に勝った。そう判断した原によって普選の実現は遅れる。漸進的な民主化を求める運動も沈静する。

高橋是清

政友会を特徴づけるもう一つの重要な役割を果たした人物は、高橋是清《たかはしこれきよ》(一八五四—一九三六年）である。日本銀行総裁や横浜正金銀行頭取などを歴任した高橋は、国際金融家として勇名をはせていた。貴族院議員にもなった高橋の政党政治家としての出発点は、一九一三（大正二）年の政友会への入党である。高橋は原を高く評価する。高橋の見るところ、「原と云う人は政党の事は大小軽重共多大の興味と熱意を持って居た」。高橋は感心した。「殊に原の総裁ぶりを見て、始終あんなことを良くやるものだと思って居た」。政党指導者としての原を高く評価すればこそ、いよいよ自分は政治家には向かない。高橋はそう思った。

高橋是清

それでも政友会に入党したのは、山本権兵衛《やまもとごんべえ》（一八五二―一九三三年、海軍軍人出身）が説得したからである。一九一二年の第一次憲政擁護（護憲）運動を背景に成立した第一次山本内閣は、政党色が濃くなくてはならなかった。なぜならば山本内閣は脱藩閥政治路線を明確にする必要があったからである。内閣の政党色を濃くするために、山本内閣の主要閣僚は政友会から出すことになった。山本にとって高橋は意中の人であり、主要閣僚ポストの一つ蔵相への就任を要請する。

ところが高橋は政友会の党員ではなかった。高橋は政党政治を擁護する。他方で自身は経済・財政の専門家として政党の外から政党に対して理解を求める立場に立とうとしていた。入閣して腕を振るうためには政友会へ入党しなければならない。それならば入党する。高橋は決断した。

高橋は原内閣にも蔵相として入閣する。原内閣を支える立場である以上、高橋も原の普選時期尚早論に賛成した。高橋は原の普選時期尚早論に基づく解散・総選挙を「此れは国家を救うものなり」と正当化している。

ただし高橋の場合、原とは異なって、普選時期尚早を文字どおりに考えていた。なぜならば高橋は、第一次憲政擁護運動も一九二四年の第二次憲政擁護運動も肯定的に評価しているからである。

その後も政党政治を擁護する高橋の姿勢は変わらない。一九二八（昭和三）年の第一回男子普選は、期待と失望をもたらした。政党の金権選挙・金権政治がはなはだしかったからである。この年「政党政治は行き詰ったのか」と問われて、前年の短い期間だけ田中政友会内閣の蔵相を務めた高橋は答えている。「永い眼《め》で見れば今日の所政党政治の外に求めること は出来まい」。高橋は「中間内閣」（藩閥内閣や政党を無視する超然内閣と政党内閣の間の内閣）も「挙国一致内閣」も「独裁政治」も否定する。大事なのは「真に責任ある政党政治」と「国民の政治的自覚」だった。高橋から見れば、「国民の政治的自覚」が不十分なままでは普選は時期尚早ということになる。高橋が擁護したのは漸進的な民主化の進展だった。

高橋は政党政治の有用性を帝国憲法と適合的な範囲内で認めている。別の言い方をすれば、高橋はいわば天皇制民主主義者だった。民本主義の理論的指導者＝吉野作造は、帝国憲法のなかに最小限のデモクラシーが実現していると考えた。対する高橋にとっては最大限のデモクラシーだったといえるだろう。帝国憲法の枠組みのなかで、民本主義の発展をめざす。この点でふたりに変わりはなかった。

その高橋がいざ政界入りしてみると、政党政治の現実は思った以上にきびしかった。「政党に這入《はい》って見ると、仲々《なかなか》政党の事情は複雑で、私の如きものには向かない」。これが正直な所だった。

ところが何の因果か、高橋に原の代役を務める役が回ってくる。一九二一年一一月四日、原が暗殺されたからである。政友会の幹部会から後任に推されたものの、高橋は渋った。当然だった。「党情に暗し、そんな厄介な仕事は御免だ」。それでもと請われ、やむなく「それでは一時は引受けるが、よい後継者があれば総裁も総理もやめたい」。このような心構えでは、政権が短命に終わるのはあらかじめわかっていた。一九二一年一一月一三日に成立した高橋内閣が持ちこたえることができたのは、わずか半年にすぎなかった。

高橋内閣のつぎは、政友会内閣ではなく、海軍大将加藤友三郎《かとうともさぶろう》（一八六一—一九二三年）の内閣だった。つぎの第二次山本内閣、さらに清浦奎吾《きようらけいご》（一八五〇—一九四二年）内閣もそうである。連続する非政党内閣の誕生は、民本主義の逆流となった。非政党内閣の連続は、原の普選時期尚早論に賛成した高橋たちによって、政友会が保守化したことの代償だった。

ここに第二次憲政擁護運動が台頭する。高橋は衆議院総選挙に立候補する。金権選挙と中傷合戦を乗り越えて、高橋は当選を果たす。他方で護憲三派（憲政会・政友会・革新倶楽部《クラブ》）内閣＝加藤高明内閣が成立する。加藤首相は高橋を農商務相として迎える。

加藤高明

高橋は原についで野田卯太郎《のだうたろう》を高く評価している。自由民権運動家として出発した野田は、政友会の創設に関与する。政友会のなかで、いわば党人派のひとりとして、野田の地位は向上していく。野田は原がもっとも信頼する側近となった。野田は非選出勢力（選挙で選ばれたのではない政治勢力）との調整に卓越した手腕を発揮する。山県のような元老や官僚政治家の桂太郎《かつらたろう》（一八四八―一九一三年）といった権力者たちとの間で、利害関係の調整を図った。その功績もあって、原内閣が成立すると逓信相として入閣、高橋内閣にも留任した。

高橋が評価したのは、野田が果たした「誰一人として見当のつかなかった官僚と政党との間の橋渡し」役である。野田の「橋渡し」、調整によって「殆ど行詰りとなっていた当時の政情を打開して、国務振興上に非常な功績を著わしたものである。これなどはまさに憲政史上特筆すべき事柄である」と賞賛している。

原の政治的リーダーシップ、野田の調整能力、どちらも高橋にはないものだった。そうだからこそ、ふたりに対する高橋の評価は高いのだろう。高橋は原でもなく、野田でもなく、金融・財政・経済のプロフェショナルの政治家として、自己の役割を確立する。高橋はその後、昭和の経済危機が訪れるたびに、救世主として繰り返し登場することになる。

田中義一

政友会に入党以来、高橋は政治家との付き合いが深まっていく。高橋の政治家評のなかで、とくに興味を引くのは、田中義一《ぎいち》（一八六四—一九二九年）を「物の判《わか》る男」と肯定的に評価していることである。両者の結びつきは、原内閣における蔵相と陸相の関係から始まる。当時の急務は軍事費の削減だった。困難な調整にもかかわらず、問題は解決した。田中が譲歩したからである。ふたりの信頼関係は、田中内閣の蔵相に高橋が就任することによって結実する。

田中義一とは原、山本（第二次）の各内閣の陸相を務めた陸軍軍人である。田中は山本内閣の陸相を務めたのち、政友会総裁・貴族院議員となり、一九二七（昭和二）年四月には首相に就任する。

陸軍士官学校・陸軍大学校を卒業し、軍務局長・参謀次長の要職を歴任した陸軍軍人のエリートがなぜ政友会総裁となって、内閣を組織するに至ったのか。そこには変動する国内外の状況と政治的人間としての田中の個性があった。

田中が政党の側に接近した理由はわかりやすい。第一次世界大戦後のデモクラシーの風潮のなかで、軍部の社会的な地位が低下する。他方で国家予算の配分をめぐる主導権は議会・政党が確保している。軍部は軍事費の確保をとおして組織利益を守るためならば、政党と手を結ばなくてはならなくなった。当時の最大の政党勢力は政友会である。陸軍にとって田中の政友会入党と総裁就任は、組織利益の確保が目的だった。

田中義一

他方で政友会は、衆議院で多数勢力となっていながら、非政党内閣が三代（加藤友三郎・山本権兵衛・清浦奎吾）続いていることに気をもんでいた。ここに政友会は軍人の田中を総裁に戴《いただ》くこととした。

田中のオフィシャルな伝記は、直接には田中の政友会入党の事情を説明しつつ、つぎのように指摘する。「政権の座に着いて経綸《けいりん》を行うためには、衆議院における多数党という国民的基盤のほかに、推薦役の老臣たちの気受けのよい人物という条件が今一つ必要であった。

〔中略〕原内閣時代には原首相と苦難をともにして政友会とは因縁浅からず、ほどほどに気心も相通じている田中大将の存在が、その政界入りへの道を開いたことになる」。

田中が陸軍出身でありながら、政党の指導者にふさわしいとすれば、それは田中外交の基本理念ゆえである。総裁就任時の演説で、田中はつぎの三点を強調している。

第一は日中経済提携である。田中は「有無共通の貿易関係」の促進による「共存共栄」を掲げている。

第二は新外交である。「欧米諸国に対する外交も新思想に由《よ》る新式外交に改善するのが至当」であり、「直接に国民と連絡する国民の外交である」。

第三は軍事費の合理化である。「列国は今や侵略的軍国主義を一擲《いってき》して、協調的新思想の流《ながれ》に棹《さお》さしています。〔中略〕我々の軍備に関する根本意識も亦従って機宜に適せざるを得ないのであります」。

以上から田中外交の基本理念は、対欧米協調＝日中経済提携による新外交だったことがわかる。政友会と田中を結びつけたのは、要するにこのような協調外交路線と国際的なデモクラシー状況のなかでの軍事費の合理化だった。

3　外交政策

対欧米協調外交

原・高橋・田中に共通する対欧米協調外交は、政友会の外交路線の基調となる。

第一次世界大戦後のパリ講和会議（一九一九〔大正八〕年）に日本は形式的な戦勝国として出席する。アメリカの新外交の原則（「無賠償・無併合」、「民族自決」、公開外交、軍縮）が主導する講和会議は、国際連盟の創設を駆動した。

対する日本は、せいぜいのところ消極的な受容だった。国際協調外交を担うことになる幣《しで》原喜重郎《はらきじゅうろう》（一八七二―一九五一年）でさえ、つぎのような反応だった。「こんな円卓会議で我が運命を決せられるのは迷惑千万だ。国際連盟規約はなるべく成立させたくないが、大勢順応のほかなかろう」。

日本は「サイレント・パートナー」だった。たまに発言することがあっても、それは山東省旧ドイツ権益の継承問題や人種平等問題のように、直接の利害関係がある場合に限られた。政友会の原内閣ではあっても、日本政府の対応となれば、それは消極的な「大勢順応」だった。

しかし一政党としての政友会は、もう少し積極的な対応を考えていた。一例を挙げる。政友会の有力な長老議員で対外強硬論者として知られる小川平吉《おがわへいきち》は、「大国」日本の国際的な責任を強調している。「吾人《ごじん》は今や已《すで》に五大国の一として世界的会議の首班に加わりたり。吾人は当《ま》さに大国民の態度を持して冷静に問題の観察を為《な》すべし」。

パリ講和会議で日本が提出した人種平等案は通らなかった。国内の不満が高まった。国民に自制と理解を求める小川は、多国間外交の本質を言い当てて「実に止《や》むを得ざる所なり」と述べる。小川によれば、「かの英仏の政治家が期せずして声を斉《ひと》しくし『講和会議に於て凡《すべ》ての国家が悉《ことごと》く其希望を達せんと欲するは絶対に不可能事なり』と揚言せるは当然の言」だったからである。

ワシントン会議

パリ講和会議に続く多国間国際会議はワシントン会議（一九二一〔大正一〇〕年一一月～二二年二月）だった。この多国間の公開外交の場で、日本は海軍軍縮に関する五ヵ国条約、中国に関する九ヵ国条約、太平洋の現状維持に関する四ヵ国条約に調印した。高橋首相は一九二二年一月二一日の施政方針演説のなかで、「参加列国互《たがい》に協調を保ち、大体に於て所期の目的を達せんとして居ります」と胸を張った。

日本は四ヵ国条約の成立によって、日英同盟を廃棄する。内田康哉《うちだやすや》外相に躊躇《ちゅうちょ》はなかった。「今日之〔日英同盟〕を廃棄せんとするに方《あた》りては、其過去に於ける該同盟の功績を深く追懐せざるを得ない次第であります。併《しかし》ながら翻って考えまするに、四国条約の成立は正に時代の進運を語るものでありまして、併せて又国際友好親和の精神の更に拡大せられたるを示すものであります」。第一次世界大戦後の国際協調外交路線は、政友会内閣が築いたといってよかった。

高橋内閣のつぎに非政党内閣の加藤友三郎内閣が成立する（一九二二年六月一二日）。それでも政友会は、留任した内田外相を間接的に支持して、ワシントン会議の成果を誇示している。

この会議を振り返る政友会の報告書は、内田外相の言明を信じて、「旧連合国は勿論、其他の親交国とも益《ますます》協調を保持して、我国の国際信用を一層向上せしめ、国家の権威を益鞏《きょう》固《こ》ならしめ」ていると肯定的な評価を与えている。なかでも強調したのは、海軍軍縮条約である。「我国は同会議の具体的結果たる海軍制限条約等の収穫を得たのみならず、内には国民の負担と懸念とを減じ、外には列国の諒解《りょうかい》と親交とを齎《もた》らしたのである。殊に英米両国との国交は之が為に益鞏固なる基礎の上に置かるるに至ったのである」。

海軍軍縮をとおして、一方では対英米協調路線を推進しながら、他方では軍事費の削減と対米脅威認識の低下によって国民の安心感を得る。政友会は協調外交路線の支持政党にふさわしい姿勢をとっていた。

軍部批判＝対欧米協調

政友会は原内閣の成立を直接のきっかけとして、軍部批判＝対欧米協調を基本とするようになった。一九二一（大正一〇）年に渡米した議員団のひとり高見之通《たかみゆきみち》衆議院議員は、つぎのように日本を説明したと帰国後、政友会本部茶話会の演説のなかで述べている。「政友会の現内閣は成立以来四ヶ年経つが是程立派な内閣はない、此内閣の使命は何であるかと言えば軍閥主義の誤解を一掃するにある、朝鮮にしろ支那に対する政策にしろ西伯利亜《シベリア》に対する政策皆然《しか》りである」。滞米中、高見は問われる。「君は軍閥党であるか」。高見は答える。「日本の政党に於て軍閥党と云うものはない」。高見は誤解を解くのに忙しかった。

もうひとりの政友会の同行者、匹田鋭吉《ひきたえいきち》衆議院議員も誤解を解くのに懸命だった。「日本は決して好戦国民ではない、又軍備の如きは出来ることならば全廃したいと云うことは、国民悉くの希望して居るのであると云う意味を、至る所高調して来たのでございます」。

さらに熊谷直太《くまがいなおた》衆議院議員は、米国視察の結果として、広報外交の必要を訴える。「何とかして日本人の本当の思想、本当の状態日本は侵略国でない、日本は経済上に発展する使命を有《も》っている国民である」。このようにアピールするためには、「我々はまだ不十分」だ。熊谷はそう言った。

誤解の原因は日本側にもある。匹田はアメリカや欧州に「多数の軍人が行って盛んに活動して」いる、「斯ら云ら事柄が一種異様の響きを与えて居る」と認めている。政友会の対欧米協調外交路線の底流には軍部批判があった。

日中経済提携

政友会の平和的対外経済発展路線は欧米諸国だけでなく、中国にも向いていた。政友会の有力議員のひとり山本条太郎《やまもとじょうたろう》（三井物産常務取締役などを務めた実業家、のちに南満州鉄道社長に就任）は、日本の経済発展にとっての日中経済相互依存の重要性を唱える。「我国の資本と脳力とを齎して支那の利源を開拓し、支那より豊富なる原料を輸入し来りて之を我国にて加工し、更に此の製品を輸出して支那の市場に供給し、斯くして日支両国の間に経済的循環の気流を起し、彼我相益して両国民の生活を密接せしむるは、我が経済産業政策の一大要項なり」。

この点に関連して国際的な注目を集めたのが北京関税特別会議（一九二五［大正一四］年一一月開催）だった。中国の関税自主権をめぐる列国の対応は、東アジア国際情勢に直接の影響を及ぼす。政友会は中国の関税自主権回復を支持する。たとえば『政友』二九五号（一九二五年一〇月一五日号）の一論考は言う。「税関を支那の手に恢復《かいふく》しようと云うのは支那人の当然の希望である。日本としては是に対して相当の援助をしてやると云うことも日支両国の親善関係に顧みて当然なことではないか」。それというのも「支那の収入を殖やすことに援助を与え、同時に又日本の国産品の向上を図ると云うことは我々として努むべきこと」だからだった。

北京関税特別会議の重要性から政友会は議員を派遣する。北京の植原悦二郎《うえはらえつじろう》は報告する。「今や我国民は、日支親善は我国の国是であらねばならぬと自覚して居る。日支両国は、共存共栄の運命を有している国柄である。〔中略〕日本は支那と同文同種の国なるが故に、最も能く支那を了解して居る筈《はず》である」。

当時、中国の輸入総額の約三分の一は日本が占めていた。関税自主権が及ぼす経済的な打撃は、列国中で日本がもっとも大きい。それでも日本は会議を主導しなくてはならなかった。なぜならば中国の要求に反対すると、「日本が此会議を決裂せしめたと云う責任を負わねばならぬ」からだった。

会議の冒頭、日本全権は「大見得を切った」。植原にはそれは「二十一ヶ条に対する悪感情を拭い去らん」と考えてのことのように見えた。ところが各論に入ると、各国の利害の対立によって、調整は難航した。植原は「或《あるい》は一度はデットロックに陥るかも識《し》れぬ」と予測する。事実、そうなっていく。翌年七月をもって会議は無期休会となった。

北京関税特別会議は政友会の対欧米協調と日中提携の均衡を保つことのむずかしさを示した。対する政友会は均衡を求めて外交を展開しようとする。それには田中義一内閣の成立（一九二七［昭和二］年四月二〇日）まで待たなくてはならなかった。

4 国内政策

通商国家路線

政友会の国内政策は、創設時からの積極財政・地方利益重視の伝統を継承しながら、国内外の状況の変動に適応を試みる。なかでも第一次世界大戦の影響が大きかった。大戦後、国際協調の時代が訪れる一方で、日本は戦争景気後の反動不況に陥る。どうすべきか。

山本条太郎は対外発展と工業政策の実現を強調する。「対外発展」といっても、大戦後の脱植民地化と国際協調の時代であるから、植民地の獲得や移民は困難だった。代わりに山本は通商国家路線を掲げる。資源・原材料の輸入を確保し、工業製品を輸出する。このような自由貿易の拡大をとおして、通商国家をめざす。さきにみた山本の日中経済提携論は、通商国家の対外政策論の一つだった。

しかし通商国家路線は前途多難を予想させた。山本は認める。「我国は現に所謂《いわゆる》五大国の一に数えらるるに至りしも、経済的実力及び国民生活の内容は遥《はる》かに先進諸国に及ばず、加うるに複雑なる対外関係は我国の対外発展策をして、殆んど閉塞に陥らしめんとしつつあり」。

生活様式の合理化

経済的には途上国の日本はどうすればよいのか。山本は生活様式の合理化を提唱する。生活様式の合理化とは生活改善のことである。「国民の生活様式を改良し、生活費を軽減し、以て日本国をして住むに好適なる楽土たらしむるのみならず、生活費の軽減と能率の増進とは以て我国の生産費を減少せしめ、此国をして工業の大発展に適当なる条件を具備せしむるの方策を講ぜざる可らず」。

山本の提言は具体的だった。生活様式の合理化（改善）に関して山本は、①食糧問題、②住宅問題、③衣服問題、④燃料問題を取り上げる。①に対しては農事改良や漁業奨励を挙げる。②では「非衛生的なる細民家屋改良」、あるいは「アパートメント」の建築を奨励する。③のなかの一項目によれば、服装改善によって「窮極の理想たる欧化主義の実現」を図るという。④はガスと電気、とくに水力発電の重要性を指摘する。「薪炭の使用は衛生防火共に不適当」で「不経済」な燃料だからである。

以上の具体策は生活様式の合理化というだけでなく、社会政策に近いことがわかる。実際のところ、第五〇回通常議会前後から政友会は社会政策を重要課題と位置づけるようになる。

第五〇回通常議会

第一次世界大戦後のデモクラシー化の波は政友会にも押し寄せて、政策の転換を促す。政友会は貴族院改革とともに普選に対する積極姿勢へと転じる。その直接のきっかけとなったのは、護憲三派内閣への参加だった。一九二四（大正一三）年の第二次憲政擁護運動の結果、憲政会・政友会・革新倶楽部の三派による加藤高明内閣（護憲三派内閣）の成立に向けて、高橋総裁は臨時党大会で方向転換を明らかにする。「諸君。選挙権拡張問題に対しては我党は従来漸進の方針を採り来ったのであります。併しながら〔中略〕一般社会進展の実情に顧みるに今日は即《すなわ》ち故総裁原君の所謂国情之を許すの時に到達したるものと認むべきでありまして納税資格撤廃に対しては最早《もはや》異議を狭〔挟〕むの要なしと信ずるのであります」。

第五〇回通常議会で護憲三派の支持によって普選案が成立する。貴族院改革や産業基盤（鉄道・港湾・治水）の整備でも成果を得た。「其結果は最善とは云い得ないが、少なくとも次善たるの成果」だったと政友会は控えめに評価する。普選賛成への転換が遅きに失したことを考え合わせれば、控えめな自己評価でちょうどよかった。

高橋総裁は、普選と貴族院改革だけでなく、護憲三派内閣の農商務相として国民生活に直結する「教育の改善及農村の振興に関しては整理緊縮の此の際に拘《かかわ》らず予算」措置を講じたと誇る。遅まきながら役目を果たした高橋は、一九二五年に農商務相を辞任する。

Ⅱ　民政党——新党の理念と政策

1　反政友会の新党＝民政党

民政党の結成

民政党は反政友会の新党として、一九二七（昭和二）年六月一日に結成された。直接のきっかけは同年四月二〇日の田中義一《ぎいち》政友会内閣の成立である。民政党の正史『立憲民政党史』は急ごしらえの経緯を率直に述べる。「政友会内閣の為《ため》に解散を受けんとするが如《ごと》き場合に遭遇せざるを得なくなった以上、寧《むし》ろ本党〔政友本党〕と合同して以《もっ》て政友会に当るべきを上策としなければならなかった」。

当時の衆議院の勢力分布は、第一党＝政友会＝一五八議席、第二党＝憲政会＝一五六議席、第三党＝政友本党＝八八議席だった。第二党との議席差がわずかな政友会は、政権基盤を強化するために解散・総選挙に打って出るにちがいなかった。与党選挙は勝利が確実だったたからである。野党は連合を組んで対抗を試みる。それが第二党と第三党の合同による民政党の結成だった。

民政党の結成に先立って、二月二五日に憲本提携が成立する。政権をめざしてのこの数合わせは、新聞メディアの批判を招いた。「憲本提携の実際の動機は、まかり間違っても、政友会にだけは政権をわたすまいというにあろうが〔中略〕国民に何ら意思表示の機会を与えず、勝手に政権授受をたくらむのは、議会否認のもっとも甚だしいものといわざるを得ない」(『東京朝日新聞』一九二七年三月一日)。

憲政会にとって政友本党と手を組むのは気が進まなかった。政友本党は政友会を脱会した床次竹二郎《とこなみたけじろう》(一八六七―一九三五年)らが一九二四(大正一三)年一月に結成した政党である。高橋是清《これきよ》総裁の政友会は、憲政会・革新倶楽部と提携して、非政党内閣=清浦奎吾《けいご》内閣に反対していた。対する政友本党は清浦内閣の与党となる。非政党内閣の与党となった政友本党と憲政会が提携するのは、理念を共有しない、多数派を形成するための数合わせにすぎなかった。民政党の結成後ほどなくして、旧憲政会勢力は、政友本党との提携に対するしっぺ返しを受けることになる。

民政党のアイデンティティ

数合わせの野合と疑われても仕方のない民政党は、自らのアイデンティティを求めて歴史をさかのぼる。民政党の正史は、事後的な正当化を含みつつ、反藩閥（＝反伊藤博文《ひろぶみ》）・非自由党に自党のルーツを見出す。反藩閥と非自由党を結びつけるのは、大隈重信《しげのぶ》の立憲改進党の結成（一八八二〔明治一五〕年三月）だった。民政党の正史は言う。「之《これ》が近代的政党の濫《らん》觴《しょう》であって此《こ》の改進党こそ即《すなわ》ち我が立憲民政党の前身なのであった」。

民政党の正史はいわゆる明治一四年の政変にさかのぼり、伊藤を批判し大隈を擁護する。一八八一年三月、政府内で早期国会開設を求める大隈と伊藤が対立する。大隈は政変によって下野を余儀なくされる。

正史は伊藤の藩閥政府の横暴を批判する。他方で正史は藩閥政府と対立する板垣退助《いたがきたいすけ》の自由党とも一線を画する。下野した大隈が改進党を結成する経緯は、正史によればつぎのとおりだった。「大隈氏が、一度《ひとた》び野に下って民間の有志と談を交うるや、自由党と歩調を異にし其《その》過激を懌《よろこ》ばざる多くの人々は、先を争い其の旗下に馳せ参じて互いに懇親を結ばんとし、ここに改進党の創立を見た」。民政党にとって「過激」民権運動の自由党に対する漸進主義の改進党こそが自党の歴史的な起源だった。

正史は強調する。「改進党の構成要素は、当時に於《お》ける最も文明にして学識ある人々を集めたものであって、自由党とは全く其風格内容を異にしていたのであった」。大隈の改進党はイギリスの議会政治を模範としていた。同様に民政党にとってもイギリスがモデル国家だった。正史は「英国主義を模範」とする改進党の綱領を「斬新にして穏健公正、一点の非が無かった」と高く評価している。

発足時の民政党の構成

急ごしらえの民政党は党名を決めるのも難航した。「立憲民政党」と名づけたのは誰か。憲政会出身の中野正剛《なかのせいごう》だ。そう指摘されることがある。しかし事の真相は政友本党出身の松田源治《まつだげんじ》の発案に中野も「即座に賛成した」といったところだった。多数派の旧憲政会からではなく、旧政友本党からの党名の採用は、党内力学を反映する一例だった。

党名決定の主導権が旧政友本党にあったにしても、民政党が「議会中心政治」を掲げるようになるのは、旧憲政会の党人系代議士（政党政治家として経歴を重ねてきた国会議員）の影響力が強かったからである。民政党は官僚出身者と党人系代議士が混在していた。そのなかにあって「議会中心政治」を唱えたのは、中野のような「少壮の党人系代議士」だった。政友会に対抗する時、彼ら党人系代議士は民政党のアイデンティティとなった。

当時の政党組織では総務が党幹部として重要な位置を占めていた。総裁が総務委員を選任する政友会に対して、民政党は議員・前議員による選挙だった。その結果、最初の総務委員一〇人は党人派あるいは少壮の国会議員が多くを占めた。たとえば旧憲政会からは斎藤隆夫《さいとうたかお》をはじめとして、安達謙蔵《あだちけんぞう》、町田忠治《まちだちゅうじ》（一八六三―一九四六年）、小泉又次郎《こいずみまたじろう》、富田幸次郎《とみたこうじろう》らが名を連ねている。

遊説部長のポストに中野正剛が就いていることも見逃せない。中野は政策文書の立案と広報の責任者となる。つまり有権者に伝わる党の声は中野の声である。中野は宣言する。「立憲民政党は普通選挙の善良なる運用により、国民の総意を帝国議会に反映して、強力なる議会中心政治を行わんとするものである」。ここに政友会への対抗理念は「議会中心政治」となった。

総裁選出

総裁の選出は難航した。初代総裁が誰になるか。その重要性は明らかだった。内定自体は早かった。一九二七（昭和二）年五月二二日には大蔵官僚出身で蔵相や内相の経験もある憲政会の浜口雄幸《はまぐちおさち》（一八七〇—一九三一年）に内定している。それからが手間取った。浜口が固辞したからである。理由は三つあった。

第一は四歳年上で大蔵官僚の先輩、若槻礼次郎《わかつきれいじろう》（一八六六—一九四九年）に対する気兼ねである。憲政会総裁の若槻は民政党総裁のポストに含みを持たせた。先輩の意向を慮《おもんぱか》った浜口は、若槻を訪れて、直接「総裁はご免蒙《こうむ》りたい」と断った。対する若槻は「我慢してやってくれ」と応じた。固辞する理由の一つはなくなった。

第二は「カネ」（政治資金）の問題だった。当時の政党の総裁は、党資金の工面が主な仕事の一つである。ひとり当たりの総選挙費用は「五敗け」（五万円以下では落選する）だった。

資金を集められなければ党を支配することができなかった。この問題も若槻の一声で解決に向かう。「金のことは何も総裁が作らなきゃならんことはない。これはみんなで手わけして、どうやらやって行けるようにしようじゃないか」。こうまで言われれば、断わる理由はなくなる。

第三は健康問題である。実際のところ浜口は、前年の内相の頃、一年ほど体調不良だった。浜口は二つの理由がなくなったあと、もう一度、健康上の理由を挙げて辞退を伝える。それでも周囲は説得する。就任したとしてもしばらくは静養したい。浜口は条件をつけた。党側は全面的にこれを受け入れた。健康問題も理由にはならなくなった。

浜口雄幸

若槻礼次郎

それにしてもこれほど浜口が固辞するのであれば、ほかに候補者は出てこなかったのか。とくに政友本党の方はどうだったのか。政友本党から選ぶとすれば、床次が最有力候補だったはずである。実際のところ床次は、若槻内閣のつぎには、憲本提携によって与党第二党の政友本党の総裁に大命が降下することを期待した。しかし首相の座に就いたのは政友会の田中義一だった。首相になれるはずだったのになれなかった。床次はわざわざ野党の総裁になる気分ではなかっただろう。床次に匹敵するような有力候補は政友本党にはほかにいなかった。

こうして民政党の初代総裁に浜口が就任した。

2　基本理念

〈進歩〉と〈自由〉

浜口は一九二七（昭和二）年六月一日、上野精養軒における結党式において、満座の聴衆を前にして就任の辞を述べる。

立憲民政党の使命は議決発表せられたる宣言綱領に尽《つく》されて居《お》る。私は之を一読して、病余の身も覚えず満腔《まんこう》に熱血の漲《みなぎ》るを感ずるのである。〔中略〕我が立憲民政党の如く、

民政党結党式　壇上で挨拶する浜口雄幸総裁.
1927年6月1日撮影

率直に大胆に進歩的色彩を表明したる大政党は、未《いま》だ類例を見ないと思われる。殊に普通選挙を前にし、政局転換の基準は確立せられて居る。〔中略〕進歩せる現代国家が非常に鞏固《きょうこ》なる統制力を有するのは、各人の自由と独創とを尊重し、闊達《かったつ》有為の国民を基礎として、其上に諸般の機関を構成するからである。個人の自由と独創とを抑圧することを以て強力なる国体を組織するの要件となすのは時代錯誤の見解である。

浜口がここで二つの価値、〈進歩〉と〈自由〉を強調していることに注目したい。普通選挙の実施を当然の前提としながら、浜口は民政党を個人の〈自由〉と「独創」を尊重する〈進歩〉的な政党として定義する。寄せ集めで理念不在だった民政党は、浜口によって〈進歩〉と〈自由〉の価値を掲げるようになった。

五ヵ条の「政綱」

浜口の言う「民政党の使命」が尽くされている「宣言綱領」とは何か。結党式での浜口の声明は「責任政治」を強調する。「複雑なる現代の社会組織には、正義に基く政治的統制が必要である。其の強き政治上の力は、国氏（民）の総意を象徴し、国民に対し責任を負うものでなくてはならぬ」。

国民に対する「責任政治」とは具体的には何か。それを示すのが綱領（「政綱」）だった。五ヵ条の「政綱」とはつぎのとおりである。

一、国民の総意を帝国議会に反映し天皇統治の下議会中心政治を徹底せしむべし。
一、国家の整調に由《よ》りて生産を旺盛にし分配を公正にし社会不安の禍根を芟除《さんじょ》すべし。
一、国際正義を国交の上に貫徹し人種平等資源公開の原則を拡充すべし。
一、品性を陶冶《とうや》し独創自発の個性を啓《ひら》き学習の機会を均等にし進んで教育の実際化を期すべし。
一、立法、行政及《および》地方自治に浸潤せる時代錯誤の陋習《ろうしゅう》を打破し以て新興の気運に順応すべき改造の実現を期すべし。

五ヵ条の「政綱」は何を意味するのか。

第一条は衆議院中心政治を指す。「国民の総意を帝国議会に反映」する。この条項によって貴族院に対する衆議院の優位を示している。衆議院中心政治は貴族院だけでなく、枢密院とも対立する。民政党はのちに枢密院と闘うことになる。

第二条は資本と労働の平等化である。国民生活の向上のためには生産を盛んにしなくてはならない。生産には資本と労働が必要である。資本に甘く労働にきびしい。これを改めて資本と労働を平等に扱う。この原則の下で社会政策を実施する。そうすれば「分配を公正」にすることができる。

第三条の外交の基本理念は、国際政治の構造変動を反映している。かつての外交は領土の拡大と植民地の獲得が目標だった。今では経済市場の確保が重要な外交目標になっている。領土・植民地から経済市場へ、このような変動過程での国際正義とは、通商・貿易や資源をめぐる国際原則の上に具体化し、世界の平和と安定の基礎となるものだった。

第四条は教育の機会均等である。当時、義務教育が終わったあとの教育は機会不均等だった。これを改めて平等社会を作る一助とする。教育の機会均等は日本の近代化の基礎的な条件だった。

第五条は要するに、行政改革による効率化の追求である。官僚出身の首相が行政組織の縮小を図る。民政党は身を切るような行政改革に乗り出す。

斎藤隆夫の田中内閣批判

民政党は結党の直後から政友会の田中内閣批判を展開する。その代表は斎藤隆夫だった。弁護士の経験を持つ斎藤にふさわしく、その批判は法律主義的な立場に立っていた。首相就任後に発表した声明書のなかで、田中は「国民精神の作興《さっこう》」を唱えている。「人心の弛《し》緩《かん》漸《よう》く《や》甚しきを加え、道議〔義〕退廃して廉恥地を掃《はら》い、綱紀上に紊《みだ》れて民風の放縦底止する所を知らず」。斎藤は反問する。原因は政友会にあるのではないか。斎藤はつぎの二つの観点から政友会の責任を追及する。

一つは松島遊郭疑惑である。一九二六（大正一五）年に発覚した大阪の松島遊郭移転をめぐる贈収賄事件に関して、斎藤は尋問調書の精査によって、政友会幹部の岩崎勲《いわさきいさお》の関与を跡づける。岩崎は公判の途中で病死したため、罪を問えなくなっていた。しかし斎藤は有罪を確信する。「斯《か》かる不都合なる政党の其の総裁が、内閣の首班に立て綱紀の粛正、国民精神の作興を図ることが出来るか否かは吾人《ごじん》の大《おおい》に疑問とする所である」。斎藤は道徳を説く田中の政友会の不道徳を批判する。斎藤は民政党のモラルを支えていくことになる。

もう一つは朴烈《ぼくれつ》怪写真事件である。朝鮮の独立運動家朴烈《パクヨル》は、関東大震災（一九二三年九月一日）の直後、妻の金子文子《かねこふみこ》とともに逮捕される。検察は朴を「大逆」計画の首謀者に仕立て上げる。一九二六年七月末、予審調室で寄り添う朴と金子の怪写真がメディアに暴露される。政友会は怪写真の流出を時の憲政会＝若槻内閣を取り締まりが甘く「国体観念」に欠けるからだと非難した。

ところが関連する裁判の過程で、この写真の撮影日は一九二五年五月二日であることが確定する。政友会を含む護憲三派による加藤高明《たかあき》内閣の時である。若槻内閣に責任はない。それにもかかわらず、護憲三派内閣の法相だった小川平吉《へいきち》は田中内閣の閣僚（鉄道相）になると、この問題で憲政会―民政党を批判した。斎藤はこのような小川の言動の矛盾を突いた。

「軍閥外交の再来」

外交政策批判は永井柳太郎《ながいりゅうたろう》である。永井は中国をめぐる田中外交を「軍閥外交の再来」と批判する。対する民政党は内政不干渉主義である。永井は「国民的自覚の起て居る」中国を肯定的に評価する。中国の国権回復のナショナリズム運動を無視してはならない。「支那の外部からその内部に於ける政争に干渉し、特殊なる一党一派と結びて他の特殊なる一党一派を排斥し、之に依《より》て外国がその志を行わんとするが如きことあらば、国民的自覚に目醒《めざ》めたる支那国民は、必ずや猛然として奮起」するだろう。

ところが政友会には「今尚《な》お支那の内政に干渉することを以て当然と信じ、動《やや》もすれば支那の一党一派と結託して我が志を行わんとするが如きことを論ずる者が存する」。これでは「漸く親善の端緒に就きたる日支両国の関係を、再びその根柢〔底〕より破壊せんとするものにして、国家の前途に対して由々しき大事である」。永井はそう警告した。

永井は田中内閣が「危険思想」に戦々恐々としているとも批判する。永井は言う。「危険思想は日本の国内から勃発する」。恐れるべきは「隣国共産党の起ることではない、国内に於ける所の政治家が、悪政を行い国民の生活を脅威することである」。国民生活が豊かになれば、「危険思想」は恐れるに足らない。それにもかかわらず、国民生活の充実はそっちのけで、隣国の共産化に対して「武力を以て之に対抗せんとするが如きは、時代錯誤の甚しきものと謂《い》わざるを得ない」。永井は「危険思想」の脅威の原因を国内に見出していた。

こうして民政党の対中国内政不干渉主義は一九二〇年代の協調外交の基本的な特徴となる。

民政党の弱点

民政党は政友会との対抗をとおして、〈自由〉と〈平等〉をめざす〈進歩〉的な政党へと成長していく。この過程で民政党は二大政党制を意識するようになる。たとえば民政党の創立者のひとり床次竹二郎にとって、模範国はイギリスだった。「英国では政変の時には輿論《よろん》に従って移って行く、為に政変は頗《すこぶ》る円満に行われ少しも権謀術数はないのである。余は常に斯の如くありたいと思っている。之を行わんとすれば従来の如き小党分立であっては不可であって、どうしても二大政党の対立を必要とするのである」。

ところが床次は一九二八(昭和三)年八月一日、突然、民政党からの脱党と新党の樹立を発表する。他の幹部にとって「寝耳に水」だった。斎藤隆夫からみれば、床次は「党の最高幹部として党の枢機に参画し、何一つ不平のあるべきはずはない」からだった。

床次は何が不満だったのか。かつて憲政会の若槻首相は、床次に政権を譲り政友本党との連立内閣を画策した。しかし民政党の結成後、首相の座はかえって遠のいた。権力の中枢をめざして床次は脱党する。ところが新党樹立には至らなかった。「小党分立であっては不可」との考えから、床次は新党に踏み切れなかった。床次は五年ぶりに政友会に復帰する。二大政党制の確立を見越した時、民政党にとどまったままでは首相の目がないとすれば、反対党の政友会に復帰するのは合理的な選択だった。

床次の脱党宣言の日、斎藤は日記に記す。「何人も予想せざる晴天〔青〕の霹靂《へきれき》にして、民政党の大打撃なり。〔中略〕憲政系は憤慨し、本党系は去就に迷う。政界の将来我党に不利ならん」。

民政党内に動揺が広がる。『東洋経済新報』の自由主義者石橋湛山《いしばしたんざん》（一八八四―一九七三年）は言う。「実を云《い》うと床次一派は民政党のガンである。出て行く奴《やつ》はさっさと此際出て行かした方が善いのだが」。

しかし石橋のように割り切れる者は少なかった。床次脱党騒動は、結党の理念と基本政策の共有によって結束が図れない、数合わせの民政党の弱点が露呈する結果となった。

3　国内政策

「七大政策」

民政党は日本で最初の男子普通選挙を目前に控えて、一九二八（昭和三）年二月に「七大政策」を発表する。

第一　各種社会政策を実行して労務者生活の向上を図り、労資関係の合理化を促進せんことを期す

第二　米繭《べいけんか》価調節、農漁山村経済の改善、自作農の維持創定小作問題解決の促進、其他農漁山村の振興に資すべき政策の実行を期す

第三　中央銀行其他特殊銀行の制度並《ならび》に一般金融機関を改善し、殊に中小農工商の便益を増進せんが為め金融機関を整備せんことを期す

第四　財政の基礎を鞏固にし、財界の整理回復を促進し、国際貸借の改善を企図し、金解禁の実現を利導せんことを期す

第五　電力其他公共利益を目的とする企業に対する統制を進め、公衆福利の増進を期す

第六　市町村義務教育費中教育俸給全額国庫負担の実現を期す

第七　任用制度の革新、行政組織の改造、人権擁護に関する法令の改廃、検察制度の改正、其他施政の機関及運用に刷新を加えんことを期す

この「七大政策」は、政友会と普選によって生まれる一〇〇〇万人を超える新たな有権者を意識している。別の言い方をすれば、地主と資本家の政友会に対して、労働者と農民の民政党を強調している。

第一項から第三項が社会政策の実行を中心に、労働者・農漁民・中小商業者向けであることは明らかだろう。また第五項で電力に対する国家統制を掲げていることも注目に値する。レーニンを引用するまでもなく、電力の国家統制は「社会主義」への第一歩である。

第四項と第六項は、政友会の政策と明確に対立する。金解禁の是非と地方分権は、緊縮財政（＝民政党）対積極財政（＝政友会）の対立を背景に持ちながら、国内政策をめぐる二大争点となる。

第七項は民政党が〈進歩〉と〈自由〉の政党であることの証《あか》しである。保守の政友会に対して、リベラルな民政党を訴求するのにふさわしい政策だった。

無産政党への接近

民政党の政策は対政友会と同時に合法社会主義政党の無産政党への対抗でもあった。無産政党の側は、民政党の「議会中心政治」の「徹底」を「不完全なるブルジョア民主主義の要求」と嘲笑する。民政党の機関誌のある論考（「無産政党の人々に答う」『民政』第一巻第三号、一九二七〔昭和二〕年八月号）は無産政党の非難を認める。「我々は今時議会政治の徹底を期することを日本の政党が政綱の一項目に加えねばならぬことを遺憾至極に思う」。

それでもこの論考は「議会中心政治」を主張する。「議会政治の徹底を叫ぶことは、無産大衆への挑戦でもなければブルジョア政治の確立を期するにあるのでもない、自由主義の境地に立ちて、国民大衆を本位とする立憲政治の済美《せいび》を求むるがために外ならない」。「ブルジョアの利益」と「プロレタリアの利益」は矛盾しない。この論考は民政党の無産政党との対立よりも提携の可能性を示唆する。それはこの論考による以下の引用が表している。引用はプロレタリア文学の文芸評論家青野《あおの》季吉《すえきち》の民政党評である。「立憲民政党が自由主義、進歩主義を政綱に掲げるのは民衆を欺こうと意識しての事でないであろう。だが問題は彼等《かれら》がこれを意識しているや否やにあるのではない、一度政権を掌握した暁其の約束を果そうとするか、果し得るかに係っている」。無産政党への接近は、結党時から民政党の基調となっていく。

地方議会選挙の洗礼

結党時の五ヵ条の「政綱」から「七大政策」に至る途中、一九二七（昭和二）年九月から翌年にかけて、地方議会選挙が実施されていた。衆議院選挙に先立つ普選制度による最初の選挙である。この地方議会選挙において、有権者は民政党にどのような判断を下したのか。

九月から一〇月の二府三七県の議員選挙の結果は、政友会八一八名に対して民政党五七二名（前回比四三名増）だった。翌年の一道一府三県の議員選挙は政友会一二九名に対して民政党一一六名とその差は縮まっている。政友会の田中内閣の与党選挙による不利な条件を考慮すれば、民政党は善戦したと評価できる。選挙全体に対する民政党の自己評価も「比較的好成績」だった。民政党はとくに都市部で勝つことができた。

それでも敗けたのは与党＝政友会の選挙干渉のせいだと民政党は非難した。そうだとしても、敗けは敗けだった。地方議会選挙の結果は、衆議院選挙の暗い予兆となった。

民政党にとって意外だったのは、棄権率の高さである。期待していた新たな有権者＝無産者の棄権が多かった。民政党の衆議院議員小泉又次郎は党機関誌で棄権の例を挙げる。たとえば投票所の数が少なく、順番を待ちきれずに棄権する。あるいは日曜日ではなく週日が投票日のため、下層労働者は一日の生活に追われて投票所へ足を運べない。制限選挙の時は、羽織袴《はかま》で投票するのが当たり前だった。それゆえ仕事着や平服で投票するのを躊躇《ちゅうちょ》する人がいた。普通選挙には普通選挙にふさわしい投票スタイルが必要だった。

棄権率の高さは新たに有権者となった人々が選挙に不慣れだったからだけではなかった。斎藤隆夫は原因の一つに「我国民の政治的無自覚よりして、選挙に当りて独立意思の欠乏していること」を挙げる。斎藤は国民に「須《すべか》らく憲政の本義と普選の大精神を理解し、選挙に臨んで独立独行有《あら》ゆる外界の勢力を排除して、自己の所信を行う」ように求めた。

それでも民政党は今回の地方議会選挙の意義を強調する。「普選に言論の効果の偉大なること」が確認できたからである。小泉によれば、政友会に対して民政党は、演説会では二、三倍も聴衆を集めた。小泉は決意した。「今後の選挙に於ては更に一層言論に意を用い、言論勝つか、黄金〔買収〕勝つかの徹底的場面にまで突き進んで、選挙界を廓清《かくせい》することに全力を注がねばならぬ」。

石橋湛山の評価

地方議会選挙の成績については石橋も同様の評判を耳にしている。「評判に依ると、意外に民政党が優勢で政友会は振《ふる》わぬと云う」。世評は言う。「民政党は真面目《まじめ》だ、健〔堅〕実だ、之に反して政友会は出たらめだ、放漫だ」。石橋は「政友会の出たらめ、放漫は或《あるい》は当れりとしても、民政党の何処《どこ》が一体真面目なのか、健〔堅〕実なのか」と怪しむ。

「政治は真面目であるべきだが、併《しか》し政治の実体は政策に在る」。石橋は不満だった。有権者が政策で投票しなかったからである。「我府県会議員選挙民は、此両者に対して何《ど》れ程の批判を試み、而《しこう》して其投票を行ったであろうか」。石橋は重ねて不満だった。「真面目の者必ずしも常に正しい意見をもつとは限らぬ」。要するに石橋は民政党の政策が不満だった。

緊縮政策

石橋の不満は民政党の緊縮財政策だった。金解禁＝緊縮財政は、大蔵官僚出身の浜口を総裁に戴《いただ》く政党にふさわしかった。地方議会選挙に臨んで浜口は、全国支部長会議の席上、「積極政策は断じて不可」と強調している。「公債の増発は国民負担の増加にあらずと考うる人があるならば其非常識真に笑うべし」。財政規律の健全化はいつの時代も経済官僚の常套《じょうとう》句《く》のようである。浜口は指摘する。「不景気の結果政府頻《しき》りに歳入の減少を訴えて居る今日の場合、積極政策は事実に於ても行われ難い」。浜口の信念が揺らぐことはなかった。

もう一つの国内政策の争点は、政友会の地租市町村委譲＝地方分権、対する民政党の義務教育費教員俸給全額国庫負担＝中央集権である。政友会も民政党も問題状況は共有していた。困難に陥っている地方財政をどうするか。民政党の政策の処方箋はこの国庫負担だった。全額国庫負担とすれば、地方財政悪化を緩和することができたかもしれない。しかし緊縮財政を基本としている以上、有権者としては手放しで賛成するわけにはいかなかった。

いざとなると浜口も慎重になる。「全額負担は必ずしも一時に実現することを要しない、財政の都合を見緩急を計《はかっ》て漸《ぜん》を逐《お》うて全額負担の行に達すべきである」。これでは特効薬にはなりにくかった。

それでも民政党は緊縮政策を貫く。緊縮を基本とする政策体系によって、民政党は政友会との対立を強めていく。

4 外交政策

民政党と近衛文麿

民政党の外交政策を検討するに際して、もう一度、結党時の五ヵ条の「政綱」に戻ってみる。五ヵ条のうち、外交政策に関連するのはつぎの項目である。

国際正義を国交の上に貫徹し人種平等資源公開の原則を拡充すべし。

この項目は民政党の幹部議員である加藤鯛一《かとうちょういち》による逐条解釈を超える含意がある。加藤の解釈はつぎの点を強調する。「十年前の外交は最高目標が領土植民地にあったかも知れぬが、今日の外交の目標は、主として経済市場である」。「領土植民地」から「経済市場」へ、これは第一次世界大戦後国際政治の構造変動の一端にすぎない。

国際政治の構造変動の起点となった国は、アメリカである。旧外交から新外交へ、一九一九(大正八)年のパリ講和会議においてウッドロー・ウィルソン大統領が掲げた一四ヵ条の原則(「無賠償・非併合」、「民族自決」、公開外交、軍縮など)に基づいて、戦後国際秩序は形成される。

この新しい国際秩序に対する日本の反応の一例が講和会議の随員だった近衛文麿《このえふみまろ》(一八九一—一九四五年)の「英米本位の平和主義を排す」だった。近衛の主張のキーワードは「正義人道」、「平等感」、「生存権」である。要するに国際的な民主化を前提とすれば、人種は平等でなくてはならず、どの国の生存権も認められるべきだった。

民政党の外交の基本原則は、実際には近衛の「英米本位の平和主義を排す」と寸分たがわぬものである。「国際正義」と「正義人道」、「平等感」と「人種平等」、「資源公開」と「生存権」、これらの対応関係が外交に関する民政党と近衛の考え方の原理的な一致を示しているからである。

戦後国際秩序——受容と反発

以上の外交の基本原則を持つ民政党は、国際秩序に対して受容と反発の両面価値的な反応を示す。ここでは最初にどのように受容したかを確認する。

民政党の外交政策部門の担当と呼ぶべき永井柳太郎は、政友会の田中外交をつぎのように批判する。「田中大将が支那に於ける特殊の一党一派を指し、之を全体として敵視するが如き宣言書を発表せられたことは、明《あきら》かに支那の政争に没頭し、華盛頓《ワシントン》会議以来列国の順守し来《きた》れる支那主権尊重の原則を蹂躙《じゅうりん》せんとするものである」。

補足説明をすると、「華盛頓会議」とは、一九二一年から翌年にかけてワシントンで開催された国際会議を指す。ワシントン会議は海軍軍縮に関する五ヵ国条約、太平洋の現状維持に関する四ヵ国条約と並んで、中国に関する九ヵ国条約を締結した。日本を含む九ヵ国は、この条約によって中国の「門戸開放・領土保全」を相互に承認することになった。永井が田中外交批判をとおして強調したのは、中国の「門戸開放・領土保全」＝「支那の主権尊重の原則」だった。

「支那の主権尊重」は戦後国際秩序に対する反発へとつながる。永井柳太郎の反発の論理は近衛と同じである。永井は戦後の新時代を「有色人種開放《（解）》の黎明《れいめい》」と名づける。「亜細亜《アジア》は我々の故郷である」。そう言い切る永井は白色人種を非難する。「白色人種は数世紀に亘《わた》り亜細亜を征服し〔中略〕皮膚の色が白色でないと云う浅薄な理由を以て劣等人種と称し、至る処《ところ》に亜細亜民族を迫害し虐げて居る」。

しかし第一次世界大戦によって転機が訪れる。「欧州諸国は壮丁の欠乏と黄金の欠乏を来し、従来は兵と金とで亜細亜を虐げて来たものが、今や力の根底が崩壊した」。ここに永井は宣言する。「今や多年に亘る白色人種の横暴は黄昏《たそがれ》を告げ、有色人種開放《（解）》の暁が出現した」。このアジア連帯の主張は、「我々と故郷を同じくする亜細亜の支那」の「独立自主を認めよ」となる。

永井は「関税自主、治外法権撤廃には先じて支那に同情し且つ之を援助せんとした」とも述べる。ここに「日支間の親善となり共存共栄の基礎が確立せんとした」。しかし田中外交がそれを妨げた。永井は日中提携をとおして田中外交を批判した。

日中提携と田中外交批判の背景に共通するのは、〈平等〉の価値である。国際的な〈平等〉と国内的な〈平等〉が結びつく。永井は言う。「共存共栄の大精神に則《のっと》って進まなければならぬのは対支外交のみではない、国内の政治も亦然《またしか》りである」。国家間の平等は国家内の平等を求める。「大同団結」は国際的かつ国内的な連帯だった。

「内と外とを貫く共存共栄の大精神」を掲げる民政党の永井は呼びかける。憲政会と政友本党に属した者はもとより、政友会に属する者でも「其の前非を悔い改め」た者、あるいは「男子たると女子たると老人たると青年たるとを問わず」、「大同団結」する。打倒すべきは「階級本位党派本位の政治」だった。

民政党は結党の直前、成立したばかりの政友会内閣の首相田中義一から、第五三回臨時議会での質疑応答をとおして、対中外交の基本方針に関連して譲歩を引き出している。

「(問) 田中首相は嘗《かつ》て前内閣の対支不干渉主義を以て我国威を失墜するものと攻撃し、支那に於ける共産党の活動に対しては無関心なる能《あた》わずと声明した、現内閣は前内閣の対支政策を根本的に改めんとするか」。

「田中首相　先《ま》ず以て我内閣が一方に偏して之を援助すると云うことは毛頭考えて居らぬ、更に進んで申せば支那に於ける相互の出来事は支那人をして自ら処理せしめることである〔中略〕私は出兵をすることは慎むべきであると始終考えて居ります」。

田中の答えは譲歩であると同時に田中の本音でもあった。別の角度からみれば、民政党の対中外交の基調は、政党の立場のちがいを超えて政友会とも共有し得るものだったことがわかる。

中国をめぐる日米関係

民政党幹部の小橋一太《こばしいちた》は、対中外交を考える時に、アメリカを「念頭に置くを忘れてはならぬ」と注意を喚起する。

アメリカが世界を支配しつつある。このように認識する小橋は、「太平洋に於ける日米の争覇戦、支那に於ける優勝戦」を導き出す。小橋の対米警戒心の背景には近衛と同様の「持てる国」アメリカ対「持たざる国」日本の対立図式があった。小橋にとって日本は資源に乏しく人口過剰な国だった。日本は国家の生存のために海外に発展する以外にない。中国市場はもっとも有力な進出先だった。ところがその中国市場において、日本は大国アメリカと競うことになる。

小橋のように民政党は、アメリカ主導の第一次世界大戦後の国際秩序を受容しながらも、アメリカへの対抗意識が芽生えていく。

ジュネーヴ海軍軍縮会議

戦後国際秩序の受容と反発はジュネーヴ海軍軍縮会議に対する民政党の反応にも表われている。ジュネーヴ海軍軍縮会議とは、一九二七（昭和二）年六月から八月にかけて開催された補助艦の制限を目的とする会議のことである。日本も締結したワシントン会議での五ヵ国条約は主力艦の制限に止《とど》まった。その五ヵ国条約を補う軍縮条約が必要だった。

日本が参加を決めたのは憲政会の若槻内閣の時である。若槻はふたりの全権に期待する。ふたりの全権とは前海相の海軍大将斎藤実《さいとうまこと》（一八五八―一九三六年）と国際協調派を代表する外交官石井菊次郎《いしいきくじろう》である。彼らは若槻の期待に応えて、交渉をリードする。しかし会議は失敗に終わる。なぜならば日米間の潜在的な対立よりも英米間の対立が調整できなかったからである。

民政党の衆議院議員田中武雄《たなかたけお》は、アメリカの得手勝手に呆《あき》れた。「『ヤンキー』はやっぱり『ヤンキー』だと云うより外はない」。他方で田中は斎藤全権の手腕を高く評価する。「こん度手際の最もよかったのはわが全権で、一番大味噌《おおみそ》は米国である」。田中はアメリカを皮肉る。「ピカ一の正義人道もだんだん下り阪（坂）になったのは世界の為めに慶すべしである」。軍縮には賛成しながらもアメリカに反発する。民政党は自主的な協調外交路線を選択した。

田中外交批判

組閣直後の慎重な姿勢にもかかわらず、田中内閣は一九二七（昭和二）年五月二八日、山東出兵を声明する。民政党は激怒した。民政党がもっとも恐れたのは、中国の国民世論の悪化にともなう「日貨排斥」だった。日本商品のボイコット運動は、日中提携路線を直撃する。これではせっかく改善に向かっていた日中関係が台無しになる。民政党は山東出兵をきっかけとして、中国政策をめぐって政友会との対決姿勢を強めていく。

Ⅲ　二大政党制の展開

1　民政党の攻勢

普選実施を前に

第Ⅱ章で言及したように、一九二七（昭和二）年秋から翌年にかけての地方議会選挙で、民政党は健闘した。民政党はつぎにおこなわれる衆議院総選挙に期待する。同時に政友会による選挙干渉を警戒する。期待と警戒は政友会との対決姿勢を強めていく。

つぎの総選挙は普選だ。普選にふさわしいのは民政党である――。こうした思いのなか、浜口雄幸《おさち》総裁以下、幹部は皆、自信満々だった。民政党は結党時にさかのぼって確認する。「民政党創立の第二年たる昭和三年は、普選の開始において、最も意義深き一年といわねばならぬ。民政党は実に普選の新時代に善処して、国民の要望に副《そ》わんが為《ため》に国民の政党として、提供せられたものである」。

最初の普選実施は、普選に反対だった政友会の内閣でおこなわれることになった。民政党は歴史の皮肉に憤慨した。「現内閣及び政友会は既往多年、普選の成立に反対し、普選を以《もっ》て危険思想と唱えたる徒党である。然《しか》るに今や不幸にして彼等《かれら》が普選法運用の衝《しょう》に当ること となったのは、国民大衆の堪えざる苦痛であると共に悲憤措《お》く能《あた》わざる所である」。

民政党の自負にもかかわらず、野党選挙は不利だった。政友会のなりふり構わぬ選挙干渉も予想できた。民政党は内閣不信任案を準備する。勝算はあった。議会開催の時点で政友会の一八九議席に対して民政党は二二一議席だったからである。

対する政友会内閣は、機先を制して、内閣不信任案が上程される前に衆議院を解散する（一九二八年一月二一日）。不信任案の可決を座視するわけにはいかなかった。民政党は抗議の声明を出す。「暴政失政の限りを尽《つく》した現内閣は、今や国民の公憤を代表して起《た》てる野党の鉾先《ほこさき》に当り難く、我党提出の不信任案に対し、未《いま》だ言議を尽さず突如として帝国議会を解散した。彼等は正に立憲政治を暗討《やみう》ちするのだ」。

政友会の選挙干渉さえなければ、総選挙は勝てる。浜口は田中義一《ぎいち》内閣の不信任の理由を述べながら訴えた。「普選に依《よ》る最初の選挙が最も自由に最も公正に行わるることが極めて必要である」。公正中立で自由な選挙は民政党に勝利をもたらす。民政党は信じて疑わなかった。

田中外交の失策

浜口にとって不信任のもう一つの理由は対中外交だった。山東出兵は必要なかったと浜口は田中内閣を批判する。「現内閣は支那問題の大局に対し何等一貫したる方針もなく、確固たる信念もなく局部的に突発したる事変に狼狽《ろうばい》し、卒然として兵を出し漫然として兵を撤し、其間《そのかん》果して何の得る所があったのであるか、内は国軍の権威を失墜し、外は支那民衆の反感を招き、国交の将来に向って不良の影響を及ぼしたるのみである」。

公平を期すために補足すると、浜口といえども「満蒙《まんもう》（満州（中国東北部）と内蒙古（内モンゴル））特殊権益」を放棄する意思はなかった。浜口は「満蒙に於《お》ける帝国特殊の権利利益を擁護して各種懸案の解決を図ることは固《もと》より当然の事」と述べている。「満蒙特殊権益」の擁護であれば、民政党と政友会は五十歩百歩だった。事実、山東出兵の直後、民政党総務の安達謙蔵《けんぞう》は「吾々《われわれ》と雖《いえど》も決して対支出兵を絶対に反対せんとするものではない」と軍事的手段の行使を否定しなかった。対中政策の目的に大差なく、手段も変わらないとなれば、政策距離は当事者の主観的な意図ほどには離れていなかった。

しかし民政党は山東出兵を政友会の失策として、一九二八（昭和三）年一月二〇日の党大会で非難する。「其ノ軽挙妄動、浮薄誇張実ニ善隣交誼《こうぎ》ノ根本義ヲ破却スルモノナリ」。民政党はどこまでも政友会の責任を追及する構えだった。

第一回普選の結果

一九二八（昭和三）年二月二〇日の第一回普選の結果、定数四六六に対して第一党は政友会（二一七議席）になった。第二党の民政党（二一六議席）との議席差はわずか一である。政友会は過半数に及ばなかった。総得票では民政党（四二五万六〇一〇票）が政友会（四二四万四三八四票）を上回っている。地域別だと都市部（東京・大阪・神奈川・愛知・兵庫・京都・福岡）で民政党（四二万三四八二票）が政友会（一八万四九八七票）に圧勝している。

地方議会選挙の流れは変わらなかった。変わらないどころか、勢いづいていた。地方議会選挙の再現となったのは政友会による選挙干渉もそうだった。劣勢を伝えられた政友会は、投票の前日、鈴木《すずき》喜《き》三郎《さぶろう》内相（一八六七―一九四〇年）が「皇室中心主義」の立場から民政党の「議会中心政治」を「国体」に反するとの趣旨の声明を発表した。

対する民政党は松田源治《げんじ》総務が反論する。「皇室中心主義は我国民の絶対的信念にして、永久に確定不動のものである。此《こ》の絶対の国民的信念を以て、政治の運用たる議会中心政治に比較することは、内務大臣に於て頗《すこぶ》る不謹慎の言議でなければならぬ」。松田の反論は、五ヵ条の「政綱」の第一条「天皇統治の下議会中心政治を徹底せしむべし」を想起すれば、当然だった。松田は帝国憲法をつぎのように解釈する。「我国憲法の二大眼目は、実に此の天皇の神聖と国務大臣輔弼《ほひつ》の重責に存する」。松田の立場からすれば、「天皇中心主義」とは帝国憲法の「天皇の神聖」と変わらず、「議会中心政治」とは帝国憲法の「国務大臣輔弼の重責」と同様だった。民政党の理念は帝国憲法と矛盾なく両立していた。

松田は問答無用とばかりに言い放つ。「国家統治の主権が天皇に在ることは昭々乎《しょうしょうこ》として日星の如《ごと》し、議会中心政治とは憲法政治運用を云《い》うのであって、憲法政治の中心が議会に在ることは勿論《もちろん》である」。

松田は政友会が過半数に達しなかったことも問題視する。「立憲政治の運用に当って、与党の代議士が少数となり国務を円満に遂行し能わざるときは、閣臣は輔弼の重責に鑑み、総辞職を為《な》すべきが憲法の大精神である」。

対する政友会は、実業同志会（四議席）との提携によって過半数を確保する。

不戦条約問題

一議席差とはいえ、第二党は第二党である。民政党に政権は回ってこなかった。民政党はなりふり構わぬ攻勢に出る。それが不戦条約問題だった。

不戦条約とは一九二八（昭和三）年八月にパリで日本を含む一五ヵ国が調印した、「戦争放棄に関する条約」を指す。不戦条約はのちに六三ヵ国が参加する。列国協調を重視する政友会の田中内閣がアメリカとフランスの主導する多国間条約に調印したことは、驚くには当たらない。驚くべきは民政党が反対したことである。

民政党が争点化したのは、第一条の「人民ノ名ニ於テ」の文言である。民政党は不戦条約が憲法違反だと政友会に詰め寄る。「憲法に於て、条約締結権は天皇の大権であるから、『人民ノ名ニ於テ』条約締結を宣言するは、明かに憲法違反であり、また畏《かしこ》くも天皇の大権を毀損し奉るものである。これ断じて赦《ゆる》すべからざる一大失態である」。民政党は倒閣のために、「議会中心政治」よりも上位の権威「天皇中心主義」に依拠して、政友会を論難した。理屈のうえではまちがいではないものの、自ら掲げる「議会中心主義」の理念を傷つけるには十分だった。

民政党は、たとえば中村啓次郎《なかむらけいじろう》総務が「我等は不戦条約そのものに苦情はない」と言っているように、不戦条約の主旨には賛成だった。民政党は不戦条約問題を党利党略の観点から争点化した。

加えて民政党は、対米自主外交の文脈で不戦条約を批判している。アメリカ側が提示した原案をそのまま承認したことは「米国追随の外交」だ。このように田中外交を批判することで、民政党は対米自主外交路線を訴求した。

床次脱党問題

不戦条約問題をめぐる民政党の批判にもかかわらず、政友会の政権は揺るがなかった。政友会が民政党にまで手を伸ばして多数派工作を展開したからである。それが床次竹二郎《とこなみたけじろう》の脱党問題だった。床次は一九二八(昭和三)年八月一日、政友会からの働きを受けて、脱党を声明する。あまりにも露骨な多数派工作に引っかかったために、表向きの脱党理由（民政党の対中国政策への不満）は相手にされなかった。しかしこの脱党理由は、床次がどれほど意識していたか否かによらず、重要だった。この年の四月一九日には第二次山東出兵、六月四日には張作霖《ちょうさくりん》爆殺事件（満州某重大事件）が起きた。民政党は政友会の失敗の責任を追及していた。

しかし床次脱党が民政党の二一六議席を切り崩した。政友会の対中政策をめぐる民政党の批判の矛先は鈍り、政権も遠のいた。

2　守勢に立つ政友会

田中内閣の初期対応

一九二七（昭和二）年四月二〇日に成立した政友会の田中義一内閣は、すでにみたように、当初は内外情勢の対応に追われ、民政党との関係では守勢に立たされた。それでも政権を維持できたのは、政策が有効に機能したからである。

金融恐慌の処理の失敗により総辞職した憲政会の若槻礼次郎《れいじろう》内閣を受けて、政権の座に就いた田中は、経済危機への対応を急ぐ。経済危機を克服できる人物といえば、政友会では高橋是清《これきよ》以外にいない。田中は高橋に蔵相を打診する。すでに七〇歳を越えていたものの、高橋は引き受けた。「この国家の不幸を坐視《ざし》するに忍びないという気になり、三、四十日間という約束で就任を許諾した」。

高橋の手腕はみごとだった。三週間の支払い猶予などの「疾風迅雷的」な危機対応は、短時日のうちに功を奏した。事態の沈静化を見届けた高橋は、約束どおり六月二日に辞任する。こうして田中内閣は最初の難関を突破した。

つぎは山東出兵だった。当時、蔣介石《しょうかいせき》の国民党が軍事力を背景に中国の統一を進めていた。国民党軍の勢力範囲は山東半島に拡大していく。このままでは山東省の日本人居留民の生命と財産が脅かされかねなかった。

田中にとって山東出兵は、不十分な情報をもとに一刻も早く下さなくてはならない、苦渋の決断だった。田中は山東出兵を正当化して言明する。「此の挙は全く我居留民保護の為、止《や》むを得なかった結果でありまして、政府としては固より一日も速かに事前の状態に復《か》えらんことを希望する次第であります」。田中の言葉に嘘はなかった。五月二八日に派兵を声明したものの、八月三〇日に日本軍は撤兵を開始し、九月八日には完了したからである。

田中の政友会の対中政策は列国協調を基調としていた。山東出兵も事実上の列国との協調出兵だった。田中は日中関係における列国協調の重要性を「努めて各国と協調を遂げ、極東全局の平和を維持せんとするのである」と強調する。あるいは中国における共産主義運動に関しても「列強との協調を保持すべきは勿論であります」と繰り返す。

田中といえども不平等条約の改正は、中国ナショナリズムの「正当なる要望」であり、「その達成について相当の援助を惜《おし》むものではありません」と述べている。「しかし、これが達成には自ら順序あり、方法ありと思います、この点に顧慮を置かずして、徒《いたず》らに支那の動乱をいやが上に激甚ならしむることは、決して支那国民の本意にもあるまい」。不平等条約の一方的な廃棄通告を牽制《けんせい》しながら、田中は外交交渉による問題の解決をめざす。その際の行動準則は、政友会が重視してきた列国協調だった。

外交政策

中国をめぐる列国協調を基本路線とする政友会は、民政党との政策のちがいを際立たせる。一九二七（昭和二）年三月の南京《ナンキン》事件（中国の国民革命軍が列国の領事館等で暴行・略奪・殺戮《さつりく》をおこなった事件）に対して、若槻内閣の幣原外交は無抵抗主義の立場をとった。この幣原外交を批判して、衆議院議員松本君平《まつもとくんぺい》は二者択一を迫る。「英米と協調するか、支露と提携するか」。対中政策に二つある。一方は「新興の勢力を認めて、そうして覚醒しつつある此支那の民衆の要望に対して即《すなわ》ち民族主義或《あるい》は平等主義或は国際的『デモクラシー』の此主張を容《い》れて、同時に又『ソビエット』露西亜《ロシア》との諒解《りょうかい》を得て行く」。

これは民政党の路線である。そう示唆しながら、他方で対する政友会は列国協調路線を提示する。「日本は支那大陸に於て、英米と協調し——英米の勢力と提携をしてそうして此紛糾しつつある所の支那の時局を治めて行く協調の威力に依ってせば支那に於て何事も為されぬことはない」。

念のため引用すると、松本は反中国ナショナリズムではなく、「支那の国民が独立の国家を建設しようとする其努力も認めなければならない」と述べている。軍閥割拠の時代とは異なり、特定の政治勢力と提携して中国の内政状況を操作できなくなったことは、民政党から批判を受けるまでもなかった。

政友会の列国協調路線は、ジュネーヴ海軍軍縮会議への参加や不戦条約の調印を当然のこととした。田中は言う。「支那に於ける措置の如き、更に又今次寿府《ジュネーヴ》に於ける海軍軍備制限会議に参加せるが如き、能《よ》く政府方針の存する所を知るに足ると信ずるのであります」。

ジュネーヴ海軍軍縮会議は結果的に決裂する。すでにみたとおりである。しかし政友会は意に介する風でもなく、自党の対外路線の歴史的起源を確認する機会とした。衆議院議員小《こ》久保《くぼ》喜《き》七《しち》は原敬《たかし》を回想する。「ジュネーヴの軍縮会議は決裂した。が之《こ》れから連想して私は故原総裁が国防問題に就き如何《いか》に絶大の識見があり又《ま》た如何に貢献する処《ところ》があったかと云う事を述べて見たい」。

小久保によれば原敬の功績は二つあった。一つは田中義一との連携である。「田中陸相が私情を捨て大義を取り、国家の為め此海主陸従大予算に賛成して呉《く》れた」。もう一つは軍縮会議に対する原の先見の明である。「見て居給え、必ずや米国からやって来る」。果たせるかなワシントン会議が開かれる。五ヵ国条約が締結される。こうして対外関係の緊張は緩和した。日本の海の安全保障は、原のおかげで、ジュネーヴ海軍軍縮会議が決裂しても大丈夫だ。小久保は原の功績を確認した。

国内政策

政権交代時の初期対応を大過なく終えた田中内閣は、どのような政策の本格的な展開を期していたのか。若槻内閣の総辞職の前日（一九二七〔昭和二〕年四月一六日）、政友会の臨時大会で田中はつぎのように演説している。

「我党多年の主張たる地方分権、教育の改善、農村振興、行政組織の改革等は相倚《あいよ》り相俟《あいま》って国運の興隆を促すべき緊急の政策たるを痛感する、若《も》し夫《そ》れ社会政策に至っては殊に其必要を認むるのである。社会政策の要旨は国民勤労の効果を増大ならしめ、労資の分配を適正にし、不労を戒め民心の緊張を図り、且つ国民相互の自制に依り生活上の過不足を緩和し、以て人類均等の欲求に順応するに在る」。

一読してわかるように、田中の強調点は民政党との政策の相違よりも一致にある。わざわざ社会政策の積極的な意義に言及しながら、資本と労働の「分配」の「適正」を進めるとしている。この一節が民政党の政策だったとしても、何の違和感もないだろう。

なぜ政友会は、資本家と地主の政党にもかかわらず、支持層にふさわしくない社会政策の推進を掲げたのか。政友会は普選を意識していたからである。三月一〇日の衆議院本会議で政友会の安藤正純《あんどうまさずみ》は、政府の社会政策立法の一つ、労働組合法案を「羊頭狗肉《くにく》」と批判している。この法案は労働者を取り締まることばかりで、労働者を保護しようとする政策意図が反映していない。このように安藤は、労働者寄りの立場から政府提案を否定してみせた。

来年は普選の年である。普選を実施すれば労働者の代表が必ず何名か出て来る。そうなればキャスティングボートを握るのは彼らである。普選後の議会で政友会が労働者の保護立法に賛成することは明らかだった。

もちろん政友会と民政党の間で政策対立がなかったわけではない。たとえば民政党の義務教育費国庫負担に対して、政友会は地租委譲で対抗していた。ただしどちらも地方財政の再建という目的では同じだった。ちがいは手段のちがいにすぎなかった。

石橋湛山の判断

以上のように政友会は、民政党の政策との一致とちがいを掲げて第一回普選を戦った。結果はすでにみたとおりである。本来、有利なはずの与党選挙にもかかわらず、政友会はわずか一議席差でしか勝てなかった。それはなぜか。

政友会は政策で勝てなかったのではない。石橋湛山《たんざん》はそう指摘する。なぜならば石橋にとって政友会の地租委譲案は、民政党の義務教育費国庫負担案と「比較にならぬ立派な政策」

だったからである。他方で「政友会に勝った政策が、同党〔民政党〕にあるかと云えば一《ひとつ》も無い」。

政策で負けたのではないのならば、何に失敗したのか。石橋は記す。「現内閣の政策以外の行動が、選挙人の嫌悪を招いた為《た》めと判断せられる」。石橋は列挙する。「銀行家でも実業家でもなかった者〔貴族院議員馬場鍈一《ばばえいいち》〕を特殊銀行〔日本勧業銀行〕の総裁にする、外交家でも軍人でもなかった者〔政友会の木下謙次郎《きのしたけんじろう》〕を植民地の総督〔関東長官〕にする、或は横浜以外に生糸取引所を神戸に許す」。こういった人事権・許認可権を政友会内閣が行使する場合、「其裏に暗い蔭《かげ》が伴う」と石橋は言う。

有権者は政友会に政治的腐敗の臭いを嗅いだ。政友会の古い政治体質が災いした。正しい政策も汚れた手で差し出されれば、有権者は受け取らなかった。

満州某重大事件

それでも田中の政友会は、実業同志会と提携し、床次脱党組を受け入れて、衆議院の過半数を確保する。石橋の言うように、政友会の政策の「趣旨が国民に徹底する」ならば、支持基盤も強化されるかもしれなかった。

民政党の攻勢にもかかわらず、政友会は持ちこたえる。少なくともつぎの総選挙まではそのはずだった。ところが思いがけない事件によって田中内閣は崩壊する。それが満州某重大事件だった。

蔣介石の国民党軍の統一行動にともなう大陸の動乱は、関東軍に張作霖爆殺事件を起こさせる。満州を支配する軍閥＝張作霖の爆殺によって、関東軍はこの地域のコントロールを確保しようと試みた。この軍事的な挑戦が田中の対中内政不干渉政策と対立することは明らかだった。田中は関係者を厳罰に処する決意を固めた。

しかしその後、田中はトーンダウンする。責任をあいまいなものにしようとする陸軍の意向に配慮したからである。昭和天皇は田中の食言を譴責《けんせき》した。そこで田中は再び厳罰で閣議に臨む。ところが政友会の最有力者森恪《もりつとむ》が反対する。ほかの党閣僚からも異論が出る。田中の辞表の提出は避けられなくなる。一九二九（昭和四）年七月二日、田中内閣は事実上の閣内不一致によって、総辞職する。

3　「憲政の常道」＝二大政党制

浜口内閣の成立

政友会を攻めあぐねていた民政党にとって、田中内閣の総辞職後、大命が浜口雄幸に降下したのは棚から牡丹餅《ぼたもち》だった。民政党幹事長富田幸次郎《こうじろう》は率直に認める。「実を云えば田中内閣が倒れんとして倒れず、崩るべくして崩れざることに向っては、我と我が力を疑ったことがないでもない」。

党機関誌掲載の別の論考も自戒する。「田中内閣の倒壊に対して挙げた歓声を、そのままに浜口内閣を迎える喜びだと解するならば、それは民政党のうぬぼれであり、浜口内閣の第一着の誤りと云わなければならぬ」。

同時代の言論人、徳富蘇峰《とくとみそほう》も言う。「最大の弱点は、浜口内閣の成立が自力でなく、他力であったことだ。其の位置は、我が力で取ったものでなく、拾うたものだ」。どうすれば「我が力で取ったもの」になるか。徳富は進言する。「正しく解散し、正しく選挙し、選挙の結果によりて正しく進退せよ」。

浜口は百も承知だった。田中が一九二九（昭和四）年七月二日の午前中に辞任すると、早手回しの浜口はその日の午後五時には閣僚名簿を整えている。

目を引くのは内相の安達謙蔵である。「新閣僚漫画評伝」の安達の項目は、なぜ浜口が安達を起用したのかを端的に記述している。「『選挙の神様』として、我が日本の選挙界にゴッドの尊敬と、夜叉《やしゃ》の如き恐怖とを与えたものは、我が安達氏である。星移り物変り、其の安達氏が今や内務大臣として、自ら選挙取締の衝に立ち、且つは我党内閣の来るべき総選挙に采配を振るに至ったことは、奇《く》しき運《め》ぐり合せとは云い、其の得意や思うべしである」。

民政党は少数与党である。このままでは立ち行かなくなることは、わかり切っていた。浜口は「選挙の神様」を立てて、必勝を期したにちがいない。

西園寺公望

官僚出身の民政党議員が主要閣僚を占めると思いきや、浜口は党人派の安達に限らず、異例の抜擢《ばってき》人事をおこなう。なかでも元日本銀行総裁の井上準之助《いのうえじゅんのすけ》の蔵相就任は異例だった。党の機関誌は党外から蔵相を迎えたことを「異様」と表現する。「党人でない井上氏が、党内其の人あるに拘《かかわ》らず、入って蔵相の椅子に着いたと知れた時、吾れ人共に異様の感に打たれた」。つづけて「併《しか》し其処《そこ》に浜口総理一生の苦心がある」。浜口はもっとも優先順位の高い政策、つまり財政・経済政策の実行を井上に委ねた。

浜口はもうひとり党外から幣原喜重郎《きじゅうろう》を重要なポストの外相に充てる。外交官出身の幣原は、加藤高明《たかあき》内閣と若槻礼次郎内閣の外相を務めた経歴を持つ。幣原外交の復活は、浜口内閣のもう一つの重要政策＝対中外交が向かうところを指し示していた。

このような浜口内閣の成立は何を意味したか。それは「憲政の常道」＝二大政党制の確立である。帝国憲法下では首相は大命降下によって決まる。すでに唯一の元老となっていた西園寺公望《きんもち》は、一九二七年四月二〇日、憲政会の若槻内閣の後継に政友会の田中を奏薦した。その田中のあとを浜口としたのは「同公〔西園寺〕の大手柄にして政権推移の常道を確立した」ことになる。政友会と民政党の二大政党が交互に政権の座に就いて、国民の前で政策を競う。そうなれば憲政は発展する。ここに二大政党制が憲政の常道となった。

浜口内閣は七月九日に「当面緊急の十大政綱」を公表する。

一、政治の公明
二、国民精神作興
三、綱紀の粛正
四、対支外交刷新
五、軍備縮小の完成
六、財政の整理緊縮
七、国債総額の逓減
八、金解禁の断行
九、社会政策の確立
十、其の他の政策

これらのうち四項目が緊縮財政に関連していた。六は八とセットになって、五を求めると同時に七となる。これだけ緊縮を前面に出せば、社会政策の確立が後ろから二番目の順位に追いやられるのは当然なのかもしれない。社会政策にだけ特別に予算をつけるわけにはいかなかったからである。

国内政策の本当の優先順位は、五から八までで、一から三までは政友会の古い体質とのちがいを訴求するための政治モラルのスローガンに近い。

そのつぎに「四、対支外交刷新」を掲げているのは、不平等条約改正問題をめぐって「日支の国交を刷新して善隣の誼《よしみ》を敦《あつ》くするは刻下の一大急務」だったからだろう。「帝国と列国との親交」や「国際連盟を重視」することは後回しになっている。この点は浜口内閣の外交政策の展開を示唆する。併せてあらかじめ注意しておきたいのは、党の機関誌が幣原外交像に修正を求めていることである。同誌の論考は言う。「世間往々にして、幣原外交を軟弱外交と非難するは、全く男の卓見を観破し得ざるもの」だった。

以上のように民政党の浜口内閣は、井上財政と幣原外交を二枚看板として出発する。

幣原外交

幣原外交を最初に待ち受けていたのは中国だった。国民政府の蔣介石は、中国の統一過程のなかで、不平等条約の改正を要求していた。中国側は一九二八（昭和三）年七月一九日に不平等条約（日清通商航海条約）の一方的な廃棄通告を日本政府に突きつけた。これに対して政友会の田中首相の政府は反発し、認めなかった。

幣原も同様の考えだった。外相に就任する前の時点で、幣原は中国に「深き同情」を寄せていた。「我々は不平等条約が支那に取って重大なる苦痛であることを能く理解するものである」。他方で幣原は批判する。「最近国民政府が日支通商条約問題に関して執りたる措置に付《つい》ては寔《まこと》に遺憾の念を禁じ得ない点があります」。幣原は警告する。「国民政府が新条約の締結を求むる前提として現行条約の失効論を主張し固執するならば必然我との正面衝突を避け得られない」。

不平等条約の改正は、既得権益を守りながら、交渉によっておこなう。この点で幣原外交は一歩も譲る余地がなかった。民政党の機関誌のある論考は、「幣原外交が世上誤解されている点を指摘」する。「幣原外交と雖も当面せる条約交渉開始の場合、支那側が租借地並《ならび》に租界還付問題に言及し来れば、勢い正面衝突に逢会《ほうかい》するかも知れず、新内閣成立早々その対支外交の解決は依然として難関視」されていた。

幣原は、もっとも信頼する部下の佐分利《さぶり》貞男《さだお》を駐華公使として交渉の任に充てる。佐分利は中国側からも信用されていた。それでも交渉は難航する。一方的に日本側の主張をすればそれで済むわけではなく、中国側に譲歩しなくてはならなかったからである。佐分利は日中間で板挟みとなる。一九二九年一一月に一時帰国した際、佐分利は謎の死を遂げる。死因に不審な点があり、他殺を疑う幣原は佐分利の死を限りなく惜しんだ。「とにかくその頃の佐分利の働きは非常なもので、ことに中国のためによほど面倒な仕事をうまくやっていた」。

佐分利の死を無にしないためにも、幣原は不退転の決意を固める。幣原の基本的な立場に変わりはない。交渉による解決である。幣原は確認する。「其の〔不平等条約〕廃止の方法順序に至っては、支那と各条約国との間の交渉に依って定めらるべきものであることは、道理上当然である」。

もう一つの難関はロンドン海軍軍縮条約問題だった。「当面緊急の十大政綱」の第五項に「軍備縮小の完成」を掲げている以上、浜口内閣はためらうことなく、一九三〇年一月から開催された補助艦の保有量制限に関するロンドン海軍軍縮会議に参加する。軍縮とは緊縮政策の対外的な表現だった。

しかし軍縮の成功はあらかじめ約束されていたのではない。幣原は困難を予期する。「倫《ロン》敦《ドン》会議が満足なる協定の成立に至る迄《まで》には、幾多の難関があることも覚悟しなければならぬ。〔中略〕華府《ワシントン》会議に於て後廻しになり、次に寿府《ジュネーヴ》会議に於ても頓挫したる問題を、此の際一挙にして決せんとするのであるから、其の事業たるや、決して容易ではない」。

幣原外交は、不平等条約問題をめぐる対中外交と海軍軍縮問題をめぐる対欧米外交を同時に展開しなくてはならなかった。その困難さは当事者の幣原がもっともよくわかっていた。

井上財政

不退転の決意を固めていたのは蔵相の井上準之助も同じだった。井上はその経歴から財界を擁護し労働者に冷淡なように見える。ところが井上は就任の直前、葉山《はやま》にある高橋是清の別荘に自動車で訪れて、つぎのように報告している。「浜口君と話し合ってみると、現在の財界を匡正《きょうせい》するためには緊縮政策によりいじめつけて金解禁をしなければならぬという事に意見が一致したので、大蔵大臣を引き受ける事になった」。井上の決意は本物だった。欧州大戦後の財界の放漫経営が経済危機を招いた。緊縮に例外はない。国民が生活を切りつめるように、財界も犠牲を払う必要があった。

井上蔵相の主導の下で、一九三〇（昭和五）年一月に金輸出解禁（金解禁）が実施される。金解禁は金の輸出入の自由化と金本位制への復帰によって、日本経済の国際的な信用度を高める効果があった。しかし井上の金解禁はのちに長く批判されるようになる。「暗黒の木曜日」と称されるウォール・ストリートの株価の大暴落（一九二九年一〇月二四日）から約一ヵ月後の一一月二一日に、金解禁を実施する前提となる省令を出したからである。

この評価には二つの留保が必要である。

一つは、当時「暗黒の木曜日」が世界恐慌を引き起こすところまでは予想していなかったことである。著名な経済学者のジョン・K・ガルブレイスの名著は簡潔に記述する。「一一月後半から一二月にかけて、株価はゆるやかな上昇曲線を描いた」。井上の決断はまさにこの時だった。

もう一つは、少しでも早くやらなければならなかったからである。浜口内閣は一九二九年七月二日の組閣時に金解禁の方針を打ち出している。この間に何が起きたか。「世間は最早《もはや》近く解禁せらるるものと考えては居《お》るが、此解禁に直面して猶《なお》其決行の時期を測定する能わず、殆《ほと》んど総《すべ》ての計画を見送り、当面の取引さえも極度に縮小」していた。

金解禁は吉と出るか凶と出るか。山一《やまいち》證券の社長はこう予測していた。「忍んで解禁しても其後がまだ悪い、そして不景気は一層深刻になるというならば、此隠忍は破綻を生ずるであろう」。幣原外交と同様に、井上財政の前途も多難だった。

4　政友会の反転攻勢

総選挙の敗北

浜口内閣は、職業外交官出身の外相と経済エリート出身の蔵相を擁する、大蔵官僚出身の首相の内閣である。この浜口内閣に立ち向かった政友会の新総裁は犬養毅《いぬかいつよし》（一八五五―一九三二年）だった。ここでは相違点とともに共通点を明らかにする。犬養は政党政治家の長老である。民政党の歴史的な起源というべき立憲改進党の結成に参画した犬養は、自由民権運動から第一次、第二次護憲運動に至る民主化運動の先頭に立った。この政治的な経歴は民政党の総裁にふさわしい。その犬養が政友会を牽引する。

一九二九（昭和四）年一〇月の総裁就任後、犬養は地方の党大会での遊説を精力的におこなう。同年一一月一一日の九州大会では一万五〇〇〇人を前に、犬養は政友会の新しい立場を宣言する。「政治は国民各階級の生活に密接したものでなければならぬ、然るに従来の政治がどれだけ一般国民と交渉をもち、どれだけ下層階級に恩恵を与えたかは頗る疑問とせねばならぬ、我政友会の新政策の中心は実に此の点にある、国民の実生活に即した政治を行い、所謂《いわゆる》社会政策の遂行に力を集中せんとするが其の主眼である」。政友会は犬養の下で、社会民主主義的な改革をおこなうこともためらわなくなった。

注目すべきは、この演説で犬養がロンドン海軍軍縮会議に肯定的な評価をしていることである。「明年の軍縮会議はどういう結果を齎《もた》らすであろうか、世界各国此点に深甚の注意を払っているが、御承知の如く世界の趨勢《すうせい》は一歩々々平和に近づきつつある、随《したが》って来るべき軍縮会議の結果も期して待つべきものありと信ずる」。犬養は軍縮＝平和を「世界の趨勢」と考えていた。

犬養毅

政友会は「七大政綱」を掲げて総選挙に臨む。この「七大政綱」は産業立国と地方分権を基本として、「農村振興、教育改革、対支外交、社会政策の確立等」をめざすものだった。

一九三〇年二月二〇日、総選挙が実施される。結果は民政党二七三議席に対して政友会一七四議席、惨敗だった。政友会の敗北は、与党選挙が民政党に有利に作用したからだけではなかった。耐乏生活を強いる浜口であっても、国民は支持した。率先垂範の浜口との一体感に包まれた国民は、困難を耐え忍び、将来の生活の改善に賭け金を置いた。

対する政友会は犬養の人柄と経歴に頼るばかりで、古い体質の払拭を国民に訴求できなかった。政友会の当選議員のひとりは、この点に関してつぎのように敗因を分析している。「政策では勝って人気で負けたというべきでしょう、人気といっても感情ですね、政友会が長い間政権を持っていた間のいろいろのことを清算したとでも言うんでしょう」。政策は悪くなくても選挙には敗ける。政友会の過去の政治的な負債は重かった。

原点に戻る

墜《お》ちるところまで墜ちた政友会は、反転攻勢に出る。資本家と地主の党をかなぐり捨てて、労働者と農民に接近する。以下では『政友特報』の記事から政友会の反転攻勢の軌跡をたどる。政友会は党の機関誌『政友』（月刊）とは別に、一九二六（大正一五）年頃から週五回の発行頻度で『政友特報』を出していた。高額購読料・少数購読者・少部数限定を特徴とする『政友特報』は、二〇〇〜三〇〇人の政友会の上層部の人々が知り得た情報を満載している。別の言い方をすると、『政友特報』は政友会の本音を表現していた。

政友会は政党の原点に立ち返る。現場感覚を徹底する。全国各地の調査を始める。当時、世界恐慌のなかで昭和恐慌に陥っていた日本は、深刻な経済・社会状況を生み出していた。なかでも悲惨を極めたのは東北地方を中心とする農村だった。日本は「世界の何《いず》れの農業国とも比較にならぬ程の狭小な地域」で農業をおこなっている。農業の労力は「家族の最大労力を以て最も多忙の時でも人を雇わず」、困難さが増している。「都市よりも農村失業者の救済が急務」だった。「それには地方の産業を盛んにする施設を為し港湾、道路、用排水等の土木事業を行う」のがよい。

他方で政友会は都市の労働者の現実に直面する。元内相鈴木喜三郎を班長とする東京経済調査社会班の報告は言う。都市では「大工左官の商売道具の入質さえ激増している」。労働争議は、賃金や労働時間の短縮よりも解雇や解雇手当をめぐってであり、経済危機の深刻化の反映だった。「失業洪水」と表現する鈴木たちは心底思った。「東京に於ける各種の実情を視察調査して、今更にその深刻と悲惨とに深甚の驚嘆と同情とを喚起した」。

恐慌の現実は政友会の民政党内閣批判を先鋭化させる。その舌鋒《ぜっぽう》は、あたかも民政党こそ資本家と地主の政党で、自分たちは労働者と農民の味方であるかのようだった。たとえば「窮民に同情なき／現内閣の不仁なる態度」との見出しの記事は「金持の御機嫌を取るに汲々《きゅうきゅう》として」、「無告《〔辜〕》の窮民は見殺しにする態度」の民政党内閣を非難している。

政友会が腹に据えかねたのは救護法のことだった。救護法とは、一九二九（昭和四）年に公布された、貧困者を救済する社会政策立法の一つを指す。政友会内閣の時に作られた救護法は、民政党内閣になって公布されたものの、緊縮財政の観点から施行が延期になっていた。「救貧救護の必要益々《ますます》切実を加えて来たに拘らず」、これはどうしたことか。政友会は民政党の責任を追及した。

三ヵ条の「新経済政策」

民政党を非難するだけでは不十分だった。対案がなくてはならなかった。政友会は「新経済政策」をまとめる。それはきわめて簡潔なつぎの三ヵ条だった。

第一、不景気打開策
第二、失業問題及社会政策
第三、国民負担の軽減

まずは不景気打開、そうすれば失業問題の解決につながり、社会政策も可能となる。国民負担も軽減される。

政友会の不景気打開の具体策は「産業五ヵ年計画」だった。これは政府主導の統制経済による景気回復政策を指す。この計画は「農業の改善」「電力統制」、鉄道運賃の改正や低金利政策、産業基盤の整備などを目標に掲げている。

失業問題と社会政策に関しては失業基金制度、失業保険制度、解雇手当制度などの研究・調査をおこなって、適切な対策を確立する。

国民負担の軽減とは、具体的には地租や営業収益税、織物消費税などの減税により、五〇〇〇万円規模の負担軽減をめざす。

再び立ち向かう政友会

「新経済政策」を報じる『政友特報』の発行の翌日（一九三〇〔昭和五〕年九月一六日）、政友会は臨時党大会を開催する。攻勢を強める政友会は、犬養が「現内閣の秕政《ひせい》を糾弾し／難局打開の要諦を説く」。犬養は「国民収入の激減」と「緊縮政策の破綻」を確認する。対案は「積極方針」だった。「社会の共存共栄は消費の健全化及び社会化を促す」。この前提の下に「極端なる緊縮財政を改めて産業開発の為めには国家の全力を傾注するの政策を採る」。そのための国家統制であり、あるいは産業基盤の整備だった。

失業対策と減税も忘れてはいない。問題は財源である。どこから捻出してくるのか。犬養は「行政整理」などのほかに「軍備の経済化」（軍縮）を挙げる。他方で「倫敦条約の批判」も掲げる。犬養は海軍軍縮条約に反対しているのではない。反対どころか賛成である。「軍縮会議の眼目は兵力の均衡と国民負担の軽減とにある」。犬養が批判したのは、この目的を果たせない民政党の政策だった。犬養は「条約案の兵力量を以てしては国防上欠陥を生ずることを政府自ら認めて補充計画を立案中である」ことを問題視した。これによって「財政的には軍拡となり、国民負担の軽減に充つべき剰余なきことが明白になった」。政友会はこの観点から軍縮条約を批判した。

こうして政友会は民政党に対抗して、政策を競うようになる。

Ⅳ　二大政党制下の政策争点

1　協調外交

軍縮問題に対する政友会の立場

犬養毅《つよし》の政友会は海軍軍縮に賛成だった。海軍軍縮だけでなく、陸軍軍縮にも積極的な姿勢を示していた。犬養は一九三〇（昭和五）年の「新年所感」のなかで言う。「国防経済化は吾輩《わがはい》二十余年の主張である」。「国防経済化」＝軍縮に陸海の区別はない。『政友特報』は安全保障環境の緊張緩和と陸海軍のセクショナリズム批判の観点から軍縮の必然を説く。

陸軍の仮想敵国はソ連だった。しかし「露国は周知の如《ごと》く今や全く潰滅し当分の間は帝政時代の如き優勢な国情に回復する見込みはない」。ほかに仮想敵国はあるのか。「支那も印度《インド》も濠州《ごうしゅう》も問題にならぬ」。この記事は言い切る。「我陸軍は単に国内の安寧秩序を保つに必要なだけの軍備を持って居《お》れば事足りる」。北方からの軍事的な脅威を否定し「満蒙特殊権益」をめぐる日中対立がありながら、陸軍の役割を国内治安対策に限定する。政友会の立場はなかなかどうして立派なものだった。

同時に政友会は陸海軍のセクショナリズムを批判する。「従来仮りに海軍が拡張すると言えば陸軍は国防上何等《なんら》必要もないのに海軍との対抗上何等かの拡張を目論みた下らぬ事が間々あった」。政友会の立場は明確である。「陸海軍の対立的観念を打破し両者を調節して真の国防統制を確立する」。そうなれば軍縮も進む。

犬養は第五七回通常議会（一九二九年一二月二六日開会）で政府の立場を支持する。「党派を超越し政争の外に於《お》いて国民一致政府の主張を支持後援するの意思を表明すべきである」。国民が一致して「支持後援」すべき「政府の主張」とは何か。犬養にとってそれは補助艦を制限する比率＝対米英七割のことだった。「之《これ》はどうしても七割と云《い》うものを欠くことは出来ない」。

七割とは政府もそう言っているではないか。犬養は例を挙げる。財部彪《たからべたけし》ロンドン軍縮会議全権（海相）はアメリカに行くと新聞記者に、ロンドンに着くとすぐ、あるいは地方官会議の席上でも、七割を言明している。犬養は念を押す。「日本の国防の限度と云うものは七割、全権が述べられて居る通り七割である」。政党の立場のちがいを超えて、対英米七割を主張すべきだ。犬養の政友会は決議案を提出する。「軍縮会議における帝国政府の主張は国民の一致したる要望と認む／右決議す」。

板挟みの民政党

七割は政府の主張だ。そう言われても民政党は仕方なかった。丸の内の東京會舘《かいかん》で開かれた送別会の写真を掲げる民政党の機関誌の一九二九（昭和四）年一二月一日号は、「軍備縮小号」である。そのなかの諸論考は異口同音に七割を主張している。たとえば左近司政三《さこんじせいぞう》海軍中将（ロンドン海軍軍縮会議日本代表団の一員）は言う。「専門的な研究の結論は、最大海軍国の少くも七割を要するという事になっている」。あるいは小林躋造《こばやしせいぞう》海軍中将・海軍艦政本部長も「少くも七割なる結論を動かし得ない」として「対英米七割を強持せよ」と唱える。南郷次郎《なんごうじろう》海軍少将も同じである。代表団の「労を想《おも》い其《その》奮闘を熱望」しつつ、「七割に止め而《しこう》して枉《ま》げる勿《なか》れ」と強調する。

「民政党時評」は檄《げき》を飛ばす。「我国は消極的防備の立場から、米国に対して七割を維持するを主張せんとする。是《こ》れ我国防上、最低限の主張であって、若《も》し之が成立すること無くんば、我国防は全く無きに等しき状態となる」。

このような内容の特集を組んでいる以上、日本の譲歩の限界点は対米英七割にある。民政党内閣は七割を目標に掲げている。そのように国民が理解したとしても、無理はなかった。

ところが民政党内閣は、政友会の決議案の上程を拒んだ。犬養に言わせれば、民政党は「解散に焦りて遂に国民の意思を表明する機会を与えなかった」ことになる。そればかりではなかった。七割の「主張の確保は絶対的のもの」だったにもかかわらず、浜口雄幸《おさち》と幣原喜重郎《きじゅうろう》の議会答弁は「この点を強いて漠然たらしめ、かつ他面において妥協協調の精神の必要を高唱したために、内外をして政府の真意を疑わしめ」た。

実際のところ、浜口も幣原も七割の言質は慎重に回避している。一九三〇年一月二一日の衆議院で浜口は、軍縮の一般論を繰り返す。「各国が相互に他国に対して脅威を与えず、又他国より脅威を受けぬと云う情勢を確立することが、海軍協定の眼目であらねばならぬ」。幣原も同様である。「日本は何国にも脅威を与えるものではない、又何国よりの脅威をも忍び得るものではない、我々は之を根本方針として各国の保有すべき海軍力の量を協定したいのである」。

いざとなれば七割を口ごもる。なぜか。民政党内閣は国内状況と国際状況の間で板挟みになっていたからである。国内では海軍軍令部を中心に七割を主張する強硬論があった。他方で浜口内閣は七割を認めない米英との困難な交渉に臨まなくてはならなかった。

いつまでも板挟みのままではいられない。ロンドンで一月二一日から海軍軍縮会議が始まる。浜口は解散・総選挙に打って出る。その結果は民政党の圧勝だった。民政党は、海軍軍縮交渉についても国民の支持を得たと自信がわいた。

選挙の結果は政友会に現実を突きつける。政友会の定例幹部会（一九三〇〔昭和五〕三月二七日）は外務当局の出席を求めた。しかし外務省は出席を拒否した。「会議の内容に関しては一切外部に発表せざる事になっている」。反発した政友会は、幹事長談話の形式で声明を発表する。「国防の最小限度如何《いかん》については責任ある海軍当事者の研究せる主張を信任せざるを得ない」。ここに言う「責任ある海軍当事者」とは誰か。軍令部長加藤寛治《かとうひろはる》を指す。総選挙に敗北した政友会は、非選出勢力である軍令部や枢密院に接近する。政友会の総攻撃が始まる。

政友会は憲法論争を挑んで、軍令部の統帥権を干犯した政府を非難する。その急先鋒《きゅうせんぽう》は鳩《はと》山一郎《やまいちろう》（一八八三―一九五九年）だった。条約調印直後の議会で鳩山は論難する。「政府が軍令部長の意見に反し、或はこれを無視して、国防計画に変更を加えたと云うことは、洵《まこと》に大胆な措置と謂《い》わなくてはならない」。

よく知られたこの主張以上に注目すべきは、つぎの一節である。「統帥権問題に付て其作用である所の重要なる国務である国防の計画に付て、輔弼《ほひつ》の機関である所の海軍軍令部長の意見と、内閣の意見とが違って、二つの異なる意見を陛下に進言申上げて陛下の宸襟《しんきん》を悩《なや》まし奉っても、尚《な》お総理大臣に責任なしと云うことは、私は断じて容認することは出来ない」。

軍令部長と内閣がそれぞれ異なる主張をしている限り、帝国憲法下では意思決定をおこなうことはできない。内閣が意思を統一すべきである。そのように示唆する鳩山の立場は、民政党の「天皇統治下の議会中心政治」に限りなく近い。

それにもかかわらず、無理難題を吹っかけるかのような政友会の憲法解釈論争の背後には、どのような本心が隠れていたのか。

軍縮条約を推進する側の小林躋造海軍中将は見抜いていた。「行政府の長と海軍統率府〔ママ〕の長と相並びて其所見を奏上した場合、至尊の聖断の何《いず》れに下るべきやは忖度《そんたく》するだに畏《かしこ》き極《きわみ》であるが、之を重臣に御下問になった場合の帰結は見透しがつく様に思われる。後年政争の為《ため》に政友会は切《しき》りに倫敦条約を攻撃してるが、当時は政友会の領袖にして一人の起《たち》て会議を決裂せしむるも可なりと公然天下に訴えた者は無く、後年の攻撃も手続の問題や兵力量の適否の問題で、会議を決裂せしむべかりしなりと云う声を聞かぬ」。

軍令部に異論があろうと、事は落ち着くところに落ち着く。政府が軍令部を黙らせれば、政友会といえども軍縮条約に反対できない。反対したところで、結果は衆議院の勢力分布を見るまでもなく予想がついた。

ところが民政党内閣は、議会での圧倒的な議席を背景に、条約調印から三日後の四月二五日、衆議院で問答無用の態度をとった。浜口は憲法論争を拒否した。「仮定の上の憲法論については答弁の限りではない」。政友会は答弁に応じない浜口を「議会を否認する専制的政治家」と非難した。これでは政友会の方が「議会中心政治」だった。

対する浜口は、すでに三月の段階で天皇から信任を得て、「勇気百倍」だった。浜口は政友会が頼みとする枢密院も突破した。「大権はことごとく天皇に統一せらる。しかるに一の大権が他の大権をいかにして侵犯することを得べきや」。天皇の信任に依存する浜口の民政党こそ「皇室中心主義」だった。

攻守所と立場を変えた議会の論争は、国民を置き去りにして、党利党略が激しくなってい く。民政党の政友会批判はまちがいではなかった。「政友会の呼号せる処《ところ》の国防不安の問題は、識者動かず、国民踊らないのである」。憲法学者の美濃部《みのべ》達吉《たつきち》はもとより、上杉慎吉《うえすぎしんきち》も民政党を擁護していたから、「識者動かず」はたしかだった。「国民踊らない」は政友会も認めていた。政友会の機関誌の匿名座談会で、ある人物は「それにしても、国論が案外ですね」と述べている。統帥権干犯問題をめぐって国民世論がわき立つことはなかった。大勢は軍縮条約容認だった。

そうだとすれば民政党は、手続の問題や兵力量の適否の問題で議会での論争に応じるべきだった。これこそ民政党の掲げる「議会中心政治」ではなかったのか。ところが民政党は「議会中心政治」を否定するかのような議会運営によって、ロンドン海軍軍縮条約の批准を勝ち取る。民政党はのちに大きな代償を払うことになる。

不平等条約改正問題

当時、海軍軍縮問題と並ぶ重要な外交問題として、中国との不平等条約改正（関税自主権の回復）問題があった。政友会は民政党内閣の外交交渉を批判する。

政友会の批判の仕方は海軍軍縮条約問題の場合と同じだった。要するに総論賛成、各論反対である。犬養の演説（一九三〇〔昭和五〕年四月一九日）は言う。「関税条約に於て支那の関税自主権を承認せることは、蓋《けだ》し止《や》むを得ぬことであろう」。

しかし各論では反対する。「従来我国の商工業者は過渡期に処する為め互恵税率の実施期間を少くとも五ヶ年と定めざる可《べか》らずとの主張であった。然《しか》るに之れを三ヶ年に譲歩した。而して北京関税会議当時互恵品目約百品目を定めしに拘《かかわ》らず、今回は之れを六十品目に譲歩した」。これでは「必ずや将来に禍根を残す」。要するに犬養は、譲歩のし過ぎを批判した。

このような犬養の批判にもかかわらず、外交交渉が止まることはなかった。日中の外交当局者は五月六日に日華関税協定に調印する。協定が成立してしまえば、海軍軍縮条約問題のようにはいかない。政友会は追認する以外になかった。政友会も中国ナショナリズムを尊重し、日中間に軍事的対立のないことを確認していた。そのような立場である限り、日華関税協定に反対するのはむずかしかった。

日華関税協定は成立した。ロンドン海軍軍縮条約は批准された。二つの主要な外交問題をめぐって、政友会は敗北した。憲法解釈論争を持ち出して、政友会があれほど軍縮条約締結を非難したにもかかわらず、九月一七日、枢密院の審査委員会はロンドン海軍軍縮条約の諮《し》詢《じゅん》案を可決する。正式な批准は一〇月二日のことだった。政友会は方向転換をしなくてはならなくなった。

枢密院が諮詢案を可決した翌日付の『政友特報』は、「全力を経済政策に集中して」、総裁を先頭に立てて総出で全国遊説に出発する様子を伝えている。「現下の悲惨なる経済状態に鑑み今回は全力を不景気、失業産業対策等の純経済問題に集中して熱烈なる一大運動を展開する予定である」。

昭和恐慌がもっとも深刻な東北地方での党大会（一〇月一九日）の席上、犬養はもはやロンドン海軍軍縮条約について「監視を続けんとする」としか言わなくなった。犬養の演説は、これ以上、外交問題には一言も触れることなく、経済政策一本槍《いっぽんやり》だった。調査の結果、予想を超えた民衆の窮状に衝撃を受けた政友会は、「新たに合理的なる積極政策を樹立した」。犬養はそう宣言する。

政友会は今度こそ真の政策論争を挑む。「今日の難局に際しては政党は特に公明正大なる精神を以《もっ》て実着なる政務調査に精励し、政党自ら公表せる政策に束縛せられねばならぬ。斯《か》くして始めて議院政治の機能は全うし得るのである」。

幣原外交の勝利

日華関税協定の成立は、文句なく民政党の幣原外交の勝利だった。仮調印後、自賛する民政党機関誌の一論考は、十分な根拠があったといってよい。「昨年七月政友会内閣瓦壊〔解〕して浜口内閣の出現と幣原外交の復活によって再び両国間に低迷した不穏な空気を漸時緩和して、対支外交上に一道の光明を齎《もたら》し、一気に今回の協定仮調印まで漕《こ》ぎつけ得たことは、実に幣原外交の成功と称すべきである」。

この論考が言祝《ことほ》ぐように、日華関税協定の成立によって、日中関係は改善へと大きく飛躍する。「今回の関税協定の成立に於いて示したるが如き合法的手段と好意の交換を以て、経済的互恵互益の主義に基き、日支両国の永久平和と親善の基礎を築くに至らんことを熱望して止まないものである」。

幣原外相も自信満々だった。一九三〇（昭和五）年四月二五日の衆議院で幣原は、日華関税協定を正当化する。「斯かる協定は日支共存共栄主義の実現に一歩を進むる所以《ゆえん》であって、両国間の特に密接なる経済関係に顧みれば、当然の筋合と申さなければならぬ」。

同時に幣原はあらためて内政不干渉の原則を確認する。「最近支那国内の政局は又々不幸にして不穏の状を呈すると共に、此際《このさい》何等か我国に於て之に関係し、画策する所あるものの如き報道が往々支那の新聞紙に伝えられて居る。斯かる風説は真面目《まじめ》に之を打消すには余りに荒唐無稽で、我々の絶対に公正なる態度は最早《もはや》多言を要せぬ所である」。

日中経済提携路線は政友会の基本路線と変わるところがないだけでなく、他の国にも波及すべきものだった。幣原は三月一九日に暫定取り決めが成立した日本エジプト通商条約に言及する。「我々は引続き其他世界各方面の市場に於て、我商工業の活動に便ならしめん為に、同様の条約関係を結ばんことを期して居る次第である」。

日華関税協定の成果を踏まえて、浜口内閣は「十大政綱」の第四項に「対支外交刷新」を掲げる。第五八回特別議会に際して、民政党は宣言する。「是〔ロンドン海軍軍縮条約〕実に外交上の一大成功にあらずして何ぞや。／更に又日支関税協定の成立も、多年の懸案を解決して、日支関係を円満にし、惹〔延〕いて通商貿易の発展に資する所鮮少《せんしょう》にあらず」。

ロンドン海軍軍縮条約と日華関税協定は、二大政党制下の外交の最高の到達点だった。外交の基本路線に関する限り、二大政党間の政策距離は近かった。政友会が政権与党だったとしても、おそらくは同様に落ち着くところに落ち着いただろう。そうなると二大政党の主要な争点は国内政策に移る。事実、政民両党は国内政策をめぐって正面衝突することになる。

2　恐慌克服政策

世界恐慌下の昭和恐慌

金本位制復帰後も民政党内閣は緊縮政策をとり続ける。金本位制復帰と緊縮政策に込めた民政党の政策意図は、昭和恐慌の克服である。しかしその結果は経済危機の拡大だった。ウォール・ストリートの株の暴落とイギリスの金本位制からの離脱（一九三一〔昭和六〕年九月二一日）と前後して、民政党内閣が金本位制復帰を決めたことは、致命的な失策となった。

このような評価はいくぶんかの歴史の後知恵を含む。ガルブレイスは指摘する。「一般的に言って、大暴落の原因を説明する方が、その後の大恐慌を説明するよりははるかにやさしい」。別の言い方をすれば、「暗黒の木曜日」が世界恐慌に拡大することを予測するのは困難だった。以下はガルブレイスの著作からの同時代の再現である。

当時、アメリカの権威あるハーバード経済学会は大暴落直後の一九二九年一一月二日に「現在の株価と景気の落ち込みは、大規模な不況の前兆ではない」との結論に達していた。同月一〇日には有名な景気見通しを発表する。「一九二〇～二一年のような深刻な不況が起きる確率は無視できる程度に過ぎない」。アメリカのフーバー大統領は一二月に議会で「景気信頼感は回復した」と述べている。

実際のところ、翌一九三〇年になると、一、二、三月と「株式市場は大幅な回復」を示した。ハーバード経済学会は一月一八日に「景気後退の最も深刻な時期は終わった」と宣言する。一一月になっても、「現在は景気後退局面の終わりに近づきつつある」との予測を止めていない。

以上の事実の経過だけでも、大暴落のあとの大恐慌を予測することはきわめて困難だったとわかる。

世界恐慌下のアメリカ社会を描く名作、F・L・アレン『オンリー・イエスタデイ』も同様である。同書から引用する。一九三〇年になると、アンドリュー・メロン財務長官は「この春には好景気が復活する」と予測した。二月になると今度はロバート・ラモント商務長官が「状況の中には、何ら心配するところはない」と楽観的な発言をした。三月にはフーバー大統領が「失業は六十日以内でなくなるだろう」と述べた。

株式市場は回復する。「株は魅力を失ってはいなかった」。一九三〇年一月から三月にかけて、「小強気市場が、大強気市場のもっともらしい模倣を演じていた。取り引きは、一九二九年の金色に輝いていた夏と同じように多くなり、主力株の株価も、実際に、前年の崩壊のときに失った分の半分以上をとり戻していた」。株価が再び下落に向かうのは四月からだった。それでも大統領は五月に「われわれはいまや、最悪の時期を通過した。だから続けて一貫した努力を傾ければ、われわれは急速に回復するであろう」との確信を述べた。

アメリカの状況は、民政党内閣下の日本の状況と類似する。アメリカの株式市場が回復に向かう一九三〇年一月、日本は前年の一一月二一日省令によって金輸出解禁（金解禁）を実施する。翌月二〇日の衆議院総選挙は民政党が二七三議席を獲得して圧勝した。金解禁について国民の信任を得たと判断した民政党内閣は、緊縮政策を進める。アメリカが「暗黒の木曜日」から脱却しつつあるなかで、金本位制復帰・緊縮政策は悪かろうはずがなかった。

総選挙の結果を踏まえた井上準之助《じゅんのすけ》蔵相の発言は大胆だった。「少くとも今後数ヶ年に亘《わた》り、我党内閣をして鋭意其の政策を実行させて呉《く》れるならば、我が国の財政経済は其の面目を一新し、始めて景気回復、国民生活の安定も得られるであろうと思う」。回復まであと少なくとも数年待て。選挙に勝った者でなければ言えない発言だった。「此の絶対多数の勢力はただの伊達《だて》や見栄《みえ》ではない」。そう胸を張る浜口は、金本位制復帰後の経済危機の深刻化をめぐって、政友会に反論を展開する。

「反対党の人々は口を開けば解禁後の金貨流出が二億円に達したと云って非難して居るが〔中略〕若し此れ位の現象に驚いて積極放慢《(漫)》の政策を執るならば、通貨を膨張せしめ物価を騰貴せしめ貿易の逆調を甚しくして〔中略〕其の結果は貿易上、産業上非常なる現象を呈し、遂には我が国産業の破壊となる。反対党は景気回復と失業救済とを叫びながら、その主張する所は全然之と反対に、産業の破壊を招くが如きことを考えているのは、何としても吾々《われわれ》の諒解《りょうかい》出来ぬ所である」。

恐慌克服政策の失敗

浜口の系統立った反論にもかかわらず、経済危機は深刻化する。アメリカで一九三〇（昭和五）年四月から再度、株価が下落していたように、日本経済も回復の兆しが見えなかった。浜口は責任を別のところに押しつける。「今日不景気の域を脱出し切れないのは、一は金解禁を一転機として、事業の整理建て直しの過程にあり、一は又最近の世界不景気の偶発に遭いたる結果であって、官民一致の忍耐努力と、世界経済の好転とに依《よ》って漸次回復さるべき一時的過程であると信ずるのである」。

世界恐慌だからどうしようもない。この考えは井上も同じだった。「今日の世界には英米を中心とする世界的の強き広き不景気の潮流が流れて居る、我国も亦此《また》の流れの渦中に在るものである」。世界経済のせいにする井上は、なす術《すべ》がないことを隠そうとしない。「日本だけがこの急流の真っ直中《まただなか》で静止して居ると云うような状態を希望することは不可能の事ではあるまいか」。井上は「今日の日本の不景気に対して何か一時的の対策ありや」と問われれば、ないと答える。

井上は楽観する。その根拠はアメリカである。「フーヴァー大統領は今日の米国の不景気は既に其底に達して居ると言って居る」。井上は景気循環論を開陳する。「好景気時代に最もよい収穫を得るものは不景気時代に最もよく整理をし用意をした者である」。井上は今がその「最もよく整理をし用意」をする時期だと言わんばかりだった。しかし一九二九年から三一年にかけて、主要な経済指標（輸出額、工業製品価格指数、農産物価格指数、実質GNP指数）すべてが最悪の数字だった。

3　政策論争の基本姿勢

石橋湛山の観察

恐慌克服政策の失敗にもかかわらず、すでに記したように、民政党は一九三〇（昭和五）

年二月二〇日の総選挙によって安定多数を確保して、政権を継続する。

石橋湛山《たんざん》は浜口内閣の続投を危惧していた。金解禁反対論者だからといって、石橋は政友会支持＝民政党批判の単純な立場ではない。ロンドン海軍軍縮条約に賛成し、対中外交に関しては「幣原外交を可とする」石橋は、浜口内閣の外交路線を支持する。ただし石橋は対中外交に留保をつける。「現内閣には何か積極的に日支関係を好化せしめ、進んで国民の満足を買うに足る外交政策があるかと問えば、そんな物は全然無い」。

中国に対する幣原外交は、ダメージコントロール外交だった。前内閣（政友会の田中内閣）の山東出兵にともなって悪化した日中関係を日華関税協定によって修復したものの、幣原外交は、それ以上の関係改善をもたらしていなかった。これでは石橋の言うところ、「純然たる政策の上からは、政友民政、孰《いず》れを可、孰れを否とも決し難く、寧《むし》ろ共に無策無能」だった。

石橋は金解禁論争に絶対の自信があった。それにもかかわらず民政党が大勝したのは、「浜口首相の個人的人望」だと石橋は指摘する。「其人格が如何にも厳粛にして曲事は寸毫《すんごう》もせぬと云う印象を国民に強く与えた事――に大なる力のあったことを認めざるを得ない」。「浜口首相の個人的人望」は有権者を無産政党から民政党へと引きつける。石橋は言う。「それほど浜口氏の人望は、今回の総選挙に於て高かった」。

このような選挙結果は「甚だ不自然だ」と石橋は指摘する。その理由は以下のとおりである。「或《ある》有力なる大政党〔政友会の意〕が今度の如く道徳的に全く国民から見離され、又他の有力なる大政党の首領〔民政党の浜口総裁の意〕が、政策を超越して、国民の人気を集むると云う如きことは、決して正常の現象とは云えぬ」。

しかしその人望で国民的な人気を博していた浜口が一九三〇年一一月一四日、東京駅で国家主義団体の暴漢の銃撃に倒れた。浜口の「個人的人望」に賭けた国民の期待はどうなるのか。政党政治の危機が訪れる。石橋は「甚深の同情を表し」ながらも、浜口の間接的な責任を問わずにいられなかった。「言論の不自由こそ斯かる不祥事を誘発する大原因なりと考える」石橋は、「政府専断の嫌い」を批判する。「浜口内閣は、果して国民に十分の言論を尽さしめて金解禁を行ったであろうか」。

ロンドン海軍軍縮条約問題の場合も同様である。「同じ結論に達するにしても、其討議を十二分に尽させ、而してそこに到らしむると、然らざるとでは、人心の受くる感銘は全く違う。デモクラシーが近代政治の要義とせらるるに至った所以はそこに在る」。

社会民主主義的な改革を進めようとする〈昭和デモクラシー〉の危機を招いたのは、浜口の強力な政治指導力だった。

国会論戦の両面価値

景気対策一本槍で戦いながら一敗地にまみれた政友会は、議会での論争をとおして、巻き返しを図ろうとする。政友会の挑戦は政党政治にとって両面価値をもたらす。

プラスの価値とは、政友会が〈昭和デモクラシー〉の真の担い手となる可能性である。一九三〇（昭和五）年四月二一日召集の第五八回特別議会の論戦の途中、政友会は幹事長名で声明を発表する。統帥権問題をめぐって「浜口首相は全然口を封じて答えず、ために政友会は浜口首相の態度をもって憲政を逆転せしむるものである」。そう非難する声明書は「この横暴なる専制政府に対し、国民と共にあくまで不撓《ふとう》の抗争を続け我国立憲政治の擁護のために戦わねばならぬと信ずるものである」。

この一文は素直に読めないかもしれない。なぜならば「立憲政治の擁護」を掲げながら、他方で海軍軍令部や国家主義者とともに、政友会は統帥権干犯問題で民政党内閣を追いつめているように見えるからである。

しかし政友会の批判は一理あった。木で鼻をくくるような答弁しかしない浜口首相と幣原外相の民政党よりも、政友会の方が「立憲政治」の担い手にふさわしかったからである。「立憲政治」の擁護を掲げるだけでは不十分だった。具体的な政策がともなわなくてはならなかった。その一つとして政友会は同年四月二三日に婦人公民権法案を提出する。これは地方議会選挙に限定してではあったものの、二五歳以上の女性にも参政権を認める案だった。政友会は民政党よりもさきにこの案を提出したと鼻高々だった。

政友会は社会政策についても議会で民政党を追及する。政府は失業救済事業費の補助と職業紹介事務局の経費を予算要求していた。政友会は批判する。「現政府の所謂《いわゆる》失業救済策に至りては、寧ろ滑稽に類するものがある、如何に職業紹介事務局を拡張すればとて、職業其ものが減退したのでは、何の効果もない筈《はず》である。而も其費用を見るに、僅《わずか》に一万二千余円に過ぎぬのである」。

一九三一年に向かって

それでも翌年度の予算は成立する。政友会はこれを「無意味の予算」と断じる。政友会総務の秦豊助《はたとよすけ》はなかでも「社会政策の軽視」を非難する。「社会政策は活題目中の活題目だ。〔中略〕時代の悩みを解する政治家ならば、社会政策に無関心であり得ない筈である」。

政府予算の何が問題か。社会政策の経費の計上は極小だ。民政党内閣は社会政策に熱意があるとはいいがたい。この点で来年度の一般会計予算は時代の要求に即したものではない。このように批判する政友会は、社会政策も積極政策の対象に含むことによって、民政党に対抗した。

政友会は態勢を立て直そうとする。犬養総裁はあらためて「産業立国主義」を掲げる。一九三〇（昭和五）年一二月一日の政友会・近畿大会における犬養の演説は宣言する。「我党の産業立国主義は即《すなわ》ち此根本の指導精神である。平和の精神と平和の行為とを以て四方に発展し、如何なる弱国に対しても断じて武力に頼らず、断じて侵略の野心を挟まず、平和なる商人、平和なる工人、平和なる農民として四隣を闊歩《かっぽ》し、以て世界同胞の実《じつ》を挙げんと欲するものである」。

「産業立国主義」と「平和」の価値が結びついていることに注目したい。政友会の「産業立国主義」とは、経済中心の平和的な対外発展主義と言い換えてもまちがいではない。政友会はとくに外交政策をめぐって、民政党に接近していた。

他方で民政党の側も、政友会と対立していた国内政策の修正を図る。政策の修正のきっかけは、深刻化する経済危機だった。アメリカ発の経済危機は早期に沈静化する。このような当初の楽観的な見方は裏切られた。民政党は対応を迫られていた。

民政党の社会政策委員会長添田《そえだ》敬一郎《けいいちろう》は言う。「此の不況より一刻も早く産業界を救い出し、其繁栄を図ることは失業対策中最も重要且つ根本的な対策と言わなければならない」。具体的にはどうすべきか。「進んで産業の発達、国産の奨励、貿易の振興を図り以て職業供給量を一層豊富ならしめなければならない」。この一節だけならば、政友会の基本政策との間にちがいはない。

相違点があるとすれば、つぎの点である。「失業救済、経済立直しのために、政友会の主張するが如き積極政策、放漫政策を取るは、折角《せっかく》軌道に帰った我経済界を再び混乱に陥れるもので絶対に不可である」。

それでも添田は「私は当事者が此の失業問題の重大性に鑑み、此の際大英断を示されんことを切望」した。

安達謙蔵《けんぞう》内相も追加措置の必要を認めて、政友会の主張だった起債制限の緩和を含む対策を実施しようとする。政友会と民政党の政策距離は縮小していく。

一九三一年の犬養の年頭の言葉は、議会での本格的な政策論議の展開を期待させるものだった。

「年頭、聊《いささ》か慰むべきは全国不景気の結果、国民一般が従来よりも政党の政策に就て注目し、研究して居る事である。政治即国民生活と考うるようになった事である。今日の如く各府県いずこを巡っても農民商人工人が非募債主義、緊縮政策のよしあし、即ち政党の政策の是非に就て論議して居る事は議院政治発達のために喜ぶべき傾向で〔中略〕この傾向を以てせめて不幸中の拾い物として尊重し、一時の現象ならざるよう向上せしむる覚悟がなくてはならぬ。政党対立の意義はこの辺に在るのである」。

政友会は第五九回通常議会に臨むに当たり、準備を整えて政策論争を挑む決意を固める。安藤正純《まさずみ》衆議院議員は概略、つぎのように見通す。景気対策、農村漁村の生活問題、これらは国民共通の重大な問題である。政友会は昨年夏以来、調査隊を全国に派遣して、経済調査を実施した。政策本位の観点から政務調査会は勉強している。対策も練っている。政友会は攻勢に出る。

安藤の言葉に嘘はない。総選挙で一敗地にまみれた政友会は「可《か》なりに勉強し、可なりに努力した」。国内政策の距離が縮まるなかで、二大政党はどちらの政策の方がより早く効果的に経済危機を克服できるか、競うことになるはずだった。

4 論戦とその帰結

第五九回通常議会と政友会

前年末に召集された第五九回通常議会は年明けから本格的な論戦が始まる。政友会にとってこの議会は特別に重要な意味を持っていた。

ある政友会の支持者は予見する。「今期議会に於ける野党政友会の責任の重大なことは、明治大正昭和を通じて未《いま》だ嘗《かつ》て見ない所である。若し今期議会に於ける政友会の活動にして、月並的微温的なものに終り遂に長蛇を逸するが如きことあらんか、民政党にあいそをつかしたる国民は、更に政友会亦頼むに足らずという心を生じ、延《ひ》いては既成政党悉《ことごと》く依頼するに足らずという結論に帰するであろう」。

議会政治が議会政治の機能を果たさなくなれば、政友会だけでなく二大政党制に対する国民の信頼が失墜する。第五九回通常議会は二大政党制の行方を左右する重要な議会となった。

政友会は、資本家と地主の政党というよりも無産政党かと見間違えるような立場から論争を挑む。たとえば政府・民政党が提出した労働組合法案に対して、政友会の安藤正純議員は批判する。「労働階級の為にもう少し親切であり、同情があり、自由である所の法案の提出を希望して居る」。野党政友会との政策論議をとおして実効性のある法案に修正しなくては、貴族院に衆議院の内情を見透かされて、どの道、実現しないだろう。安藤は「左様な前途の分《わか》って居る所の、影の薄い法案」の慎重審議を求めた。

同じく政友会議員の田子《たご》一民《かずたみ》は失業保険法案の提出を安達内相に迫る。「失業者続出の今日に於て、何等此法案を提出するの意思なきものの如き状態は、如何なる理由であるか」。田子は続けて問う。「尚お既に長き間成案を得て居る所の海員の保険法案、労働者災害扶助法案、是等は相当に重大な問題であるが、社会問題解決の急なる場合に、忘れたるが如くして居るのは何故であるか」。政友会は労働者保護を目的とする社会政策の必要を訴えた。

さらに政友会の土井《どい》権大《ごんだい》議員は、小作法案に対しても批判の姿勢を強める。「完全なる小作法、小作組合法を制定し、小作権を確立すると同時に小作人の経済的向上を企て、やがて自作農に向上せしむる各種の便宜を与うる」。

このように政友会は、恐慌克服政策をとおして、労働者と農民の地位の相対的な向上をめざした。

政友会は労働者や農民だけでなく、すでに婦人公民権法案を提出していたように、女性の地位向上にも積極的な姿勢を示す。政府提案の婦人公民権法案（地方議会選挙での二五歳以上の女性公民権法案）に対して、政友会は二つの修正を要求する。一つは婦人公民権の対象の拡大（市町村選挙から府県選挙へ）である。もう一つは妻が当選した場合に夫の同意を要するとの条項の削除である。政友会の修正提案の方が女性の地位の向上に資することは明らかだった。

資本家・地主の政党から労働者・農民・女性の政党へ、政友会の転換の背景に何があったのか。牧野良三《まきのりょうぞう》衆議院議員は、二〇世紀の思想的な背景に適合的な政友会の役割を指摘する。牧野によれば「二十世紀文化の使命」とは、第一「私益保護より公益保護へ」、第二「社会政策と社会立法」、第三「分配政策の真諦」だった。「『自由』に依る『平等』の破壊」を防ぎ、「資本主義経済の修正と分配政策」をおこなう。これこそが二〇世紀の思想的な潮流を背景に持つ、政友会の基本政策だった。

政友会は対外政策をめぐって攻勢に出る。それが一九三一（昭和六）年一月二三日の松岡《まつおか》洋右《ようすけ》の「満蒙は我国の生命線」演説だった。

日本は日露戦争後のポーツマス条約（一九〇五［明治三八］年）と一九一五年の中国に対する帝国主義的な要求（対華二一ヵ条要求）によって、「満蒙」地域に特殊権益を獲得していた。「満蒙」特殊権益とは旅順《りょじゅん》・大連《だいれん》の租借地、南満州鉄道・同鉄道付属地のことを指す。一九一九（大正八）年には満鉄とその付属地を守備する関東軍が設置されていた。

松岡にとって何が「満蒙」の危機だったのか。松岡にとって「満蒙」の危機とは、満鉄の経営危機のことだった。このままでは満鉄が立ち行かなくなる。松岡は内地に向かって警鐘を鳴らした。それにもかかわらず、内地は「満蒙」問題に無関心で冷淡だった。松岡からすれば、内地の国民は中国本土との通商貿易関係に積極的で、中国側との対立を引き起こすおそれがある「満蒙」開発には消極的だった。

松岡は内地の国民に危機感を訴える。注意すべきは、危機感を煽《あお》っておきながら、松岡の主張が「満蒙」への軍事的・政治的関心というよりも、経済的関心に基づくものだったことである。「私は決して領土的に之を取れなどとは云うのではなく、ただ我が製品の市場として、経済的の意味に於て之を確保しなければならないと云うのであります」。別の言い方をすれば、松岡のアプローチの仕方は「満蒙」経済開発だった。松岡によれば「要するに満足なる満蒙の開発と安定とが、やがて東亜全局の安定を保証する」ことになる。

松岡の「生命線」演説の具体的な政策論は、政友会の基本路線の延長線上にあった。蔣介《しょうかい》石《せき》政権の中国統一を認める政友会は、他方で産業立国論の立場に立つ。この対外政策と国内政策を結びつけると、対「満蒙」政策は経済開発アプローチになる。要するに「生命線」確保の手段は経済的なものだった。

混乱する議会

内政・外交どちらの政策争点に関しても政友会が正攻法で論戦を挑んだにもかかわらず、

民政党内閣は衆議院の絶対多数を恃《たの》みに応じなかった。あるいは応じたくても応じることができなかったという方がより正確かもしれない。浜口首相の遭難によって、幣原外相が首相代理として一九三〇（昭和五）年一二月二六日から開会の通常議会に臨む。幣原首相代理は一方では政友会からの攻撃にさらされ、他方では民政党内の対立の煽りを受けることになったからである。

政友会は論難する。なぜ民政党の党員ではない幣原が民政党内閣の首相を務めるのか。つぎに政友会は議会での幣原の失言問題を追及する。「御批准になっているということをもって、このロンドン条約が国防を危うくするものでないことは明らかであります」。政友会はこの答弁を天皇に責任を負わせかねない失言として攻撃した。議場はこれらの問題をきっかけに紛糾する。与野党議員が乱闘を演じる。政友会は加療・入院中の浜口首相を議場に引きずり出そうとまでする。実際に浜口は一九三一年三月一〇日、杖《つえ》を突きながら登院した。

つぎに民政党内の対立である。ポスト浜口をめざす党内勢力が台頭する。浜口の個人的な人気による民政党の求心力は失われ始めた。浜口不在の民政党内閣は、議会を乗り切るだけで精一杯だった。

政友会は議会の乱闘騒ぎには遺憾の意を表したものの、「多数党横暴」をより強く非難した。その非難の理屈は議会政治の観点から一理あった。「少数党が寛大さを有《も》つことの望ましいのは勿論《もちろん》である、けれどもそれには多数党自らの抑制が必要であり、多数力の発揮が少数党に忍ばれ得べき程度にあることを要件とする。今度の乱闘史実は余りにも民政党が横道であり無茶であった」。

議会の混乱の責任はたしかに民政党にもあった。民政党は政友会とともに、国民の信任を失墜させた責任を痛感する。「不景気の寒風は肌を裂かんばかりに吹きすさんで居る。失業者三十万、無宿者二千人、これに対する応急の方策は何も考えないで、代議士諸君は右の如き闘争に耽《ふけ》ったのである。果せるかな議会に対する世論は極度に悪い」（清瀬《きよせ》一郎《いちろう》衆議院議員）。

清瀬は二大政党制による民主化に懐疑の念を抱く。日本の二大政党制は「只《た》だ政権争奪の為めの甲、乙両組に過ぎぬ。〔中略〕其れで争いをしようとするのであるから、腕力の争いをするか。相手方の非行を発《あば》くかの外に、する事がなくなるは当然である」。

第五九回通常議会は本格的な政策論議をする場でなくてはならなかった。ところが実際には国民の共感を呼ぶような政治の言葉は消え去り、相手をおとしめるいがみ合いに終始した。ここに二大政党制は行き詰った。

V 危機のなかの二大政党制

1 満州事変と二大政党の対応

第二次若槻内閣の対中外交

重傷を押して登院した浜口雄幸《おさち》は、症状の悪化にともなって辞任した。民政党内の後継をめぐる対立は元老西園寺公望《きんもち》にかつて一九二六（大正一五）年一月から翌年四月まで首相の座に就いた若槻礼次郎《れいじろう》の復活を決断させる。一九三一（昭和六）年四月一四日、第二次若槻内閣が成立する。

首相が交代しても、外相は変わらない。幣原喜重郎《きじゅうろう》が留任した。若槻はとくに中国をめぐる幣原外交の基調を維持する。若槻は七月一九日の秋田市での党大会の席上、対中外交の基本方針に変わりがないことを繰り返す。若槻の演説は、協調外交の民政党の首相にふさわしい主張だった。

「我々の立場は毛頭帝国主義や侵略政策と云《い》うが如《ごと》き、時代錯誤の思想に基くものではない。我々は日支両国互《たがい》に相侵さず相陥れず、双方並行して生存繁栄を全うすることを基礎的主義とするものである」。

隣国同士はどこでも仲が悪い。「日支両国の関係も自ら此《この》傾向を免れぬ」。そう達観する若槻は「幾多の故障があることは予《あらかじ》め覚悟の前」だった。それでも若槻は日中協調外交を確認する。「今後我国の進むべき筋途《すじみち》は、畢竟《ひっきょう》前に述べたる趣旨の両国協調関係以外には見出し得られぬ。支那の治外法権問題と云い、満州の鉄道問題と云い、我々は以上の方針を以《もっ》て処理せんとするものである」。

若槻の発言の背景にあったのは、前年の日華関税協定の成立である。日華関税協定が困難な交渉の末に成立したことの意義は大きい。つぎの治外法権問題や満鉄問題にしろ、どれほど難航が予想されても、交渉によって解決するに如《し》くはなかった。

第二次若槻内閣の外交の基本方針は、発足後から半年近く経った九月でも変わらない。若槻は九月一五日、大阪市での党大会の席上、冒頭で「国際正義の上に立脚して、世界共存共栄主義を実現せんとすること」を高唱する。若槻は松岡洋右《ようすけ》の「生命線」演説をきっかけとして国民が対中外交に注目するようになったことを認めつつ、断言する。「対支外交に付ても以上の指導精神を以て終始一貫すべきことは、全国民の期待する所である」。

若槻にとって日中関係のキーワードは〈相互依存〉と〈経済提携〉である。「現在世界の各国民の生活は、密接なる相互依存の関係を有するものである」。日中の相互依存関係は「両国間の貿易統計が最も明白に之《こ》れを物語って居《お》る」。若槻は確信する。日中の相互依存的な経済提携の進展が平和をもたらす。これが国民の熱烈なる希望である。若槻にとって国民外交とは、このような国民の希望に応える外交のことだった。

以上要するに、「満蒙」の危機を認めながらも、民政党内閣は外交交渉による問題の解決をめざした。経済提携と相互依存関係が進展すれば、日中両国は協調関係を強めることができるはずだったからである。

政友会の批判

対する政友会は、松岡が幣原外交批判の先頭に立つ。中国の国権回復運動を招いた責任はどこにあるのか。松岡は断言する。「私はその大半の罪は我国民の満蒙問題に対する無関心、殊に幣原外交の罪であると断ぜざるを得ない」。松岡が我慢ならなかったのは、内政と外交どちらも消極的な民政党内閣の政策だった。松岡は批判する。「民政党内閣は、内に於《おい》て極端なる緊縮節約の消極政策を採り、外に向っても唯只管《ただひたすら》屈譲(謙)退嬰《たいえい》の消極一途を辿《たど》って居る」。「生命線」演説以来の松岡の批判を基本路線として、政友会の臨時連合幹部会は一九三一(昭和六)年五月二〇日に「幣原外交排撃」の声明を発表する。「外交に関し民政党内閣のなす所を観《み》るに、その内政に於けるが如く飽くまで消極の一途を辿り、只管退嬰自屈を事とするは既に衆目の斉《ひと》しく認むる所なり。特に対支外交に至りて最も甚だしく、日支国交の基調として明治以来我が国是とせる東亜全局保持の如き全くこれを遺忘したるの観あり」。

松岡を中心とする政友会は威勢がよかった。「先《ま》ず以て我国の気合負、位負けを根本から立て直さなくては駄目である」。これはいかにも松岡の言にふさわしい。

政友会筆頭総務の森恪《つとむ》も同じである。森は七月七日からの政友会の「満鮮」視察団に加わる。帰国後の八月三一日の報告のなかで、森は危機感を煽《あお》る。「一行が踏査の結果に徴すれば満蒙は日支官民の無気味なる対立、或《ある》意味に於ては事実上交戦直前の状態である」。森は状況の悪化を強調して止《や》まない。「排日方針の下に悪化せる満蒙は、最早《もは》や国民個々の統一なき努力では如何《いかん》ともなし得ない。既に安住の地でなくなったと同時に将来への光明を期待し得ない、我存立権は日々土崩瓦壊〔解〕し行くのみである」。

どうすべきか。森は言う。「この状態を挽回《ばんかい》し日支関係を合理的位置に取戻す為《た》めには国力の発動に待たねばならぬと確信する」。「国力の発動」に武力の発動が含まれていることは明らかだった。森にとって「今日は日本が如何に協調し譲歩するも既に日支関係を合理的に展開することは不可能の状態に陥って」いた。

しかしいやしくも事は個別で具体的な外交問題である。治外法権問題をどうするか。政友会は建前上、治外法権撤廃を支持する立場だった。

政友会が求めたのは欧米とは別扱いの治外法権撤廃交渉である。「我国と中華民国とは同一文化に浴せる同胞民族として接壌隣邦たるの関係よりその国交も亦《また》極めて複雑錯綜《さくそう》、到底中華民国と欧米諸国との国交と日を同じうして語るべからず」。結局のところ、威勢のよさとは裏腹に、治外法権問題は外交交渉によって解決する以外になかった。

森のグループとは別の現地調査から得られた結論も似たり寄ったりだった。水野《みずの》錬太郎《れんたろう》（内務官僚出身の政友会の有力議員）は現地を訪れ、在満邦人の陳情を受ける。「排日思想も盛んになるばかりで日本が今日のような受身の態度に出ていたのでは邦人の権益を日々に蚕《さん》食《しょく》せられる、現に旅大〔旅順・大連〕回収などの説さえ行われているではないか、日本の政府並《ならび》に国民は充分なる覚悟を以て此の難局を打開して欲しい」。

水野は納得する。「支那の現情を見れば在留邦人が、不安を感ずるのは無理はない、此の問題は具体策だった。水野に妙案があるわけではなかった。水野は日本が旅順・大連を故点は内地の国民が政党政派を超越して充分に政府を監視する必要があると思う」。

問題は具体策だった。水野に妙案があるわけではなかった。水野は日本が旅順・大連を故なく返還するようなことはあるべき道理がないと現地邦人を慰めるばかりだった。

具体策がない政友会は、民政党を攻めあぐねていた。八月五日の地方大会で犬養は、経済問題に絞って演説する。「満蒙」問題は付けたし程度である。犬養は「民族として寧《むし》ろ最小限度の生存要求」を主張するに止《とど》めた。

他方で民政党内閣の幣原外交は、前年の日華関税協定の成立をとおして、日中関係の安定に成功しつつあった。九月上旬、現地の在外公館は排日運動の収束を伝える。「一般輿論《よろん》殆《ほとん》ど鎮静に帰したる今日是《これ》以上活動の余地なかるべし」。

このような状況では、政友会が対中強硬論を唱えても、国民の支持を得られる見込みはなかった。別の見方をすれば、民政党と政友会との間では、対中外交の政策選択の幅は限られていた。ここに対中外交をめぐる両党の提携の余地が生まれる。二大政党は、対中外交をめぐって、相互に接近していくことになる。

民政党内閣＝不拡大方針

「満蒙」の危機を招いた責任は在満日本人の行動にある。民政党は一九三一（昭和六）年九月の段階でも、そのように主張している。党機関誌のある論考は、「冷静に自らの満蒙に対する観念と行跡に就て深くその適当なりしや否やを、反省する余裕がなければならぬ」と戒めている。

何を反省すべきか。日本の官民は中国人と「満蒙」に対する認識を誤っていた。「満蒙」開発によって、現地の中国人の経済力や文化力が向上すれば、日本の利潤の独占は困難になる。これは当然だった。

それではどうすればよいのか。満鉄沿線とその付属地、旅順・大連にしがみついているのではなく、中国大陸全体を相手として商売をすればよい。それなのに在満日本人は「共喰《ともぐい》商売」をしている。

このように民政党が「満蒙」の危機の責任を在満日本人に求めるなかで、九月一八日の夜一〇時すぎ、奉天《ほうてん》（現在の瀋陽《しんよう》）郊外の柳条湖《りゅうじょうこ》付近で満鉄が爆破される。満州事変の勃発である。民政党内閣は、すぐに不拡大方針を打ち出す。九月二四日の政府声明は、すでに現地軍がおおむね満鉄付属地内に帰還していると知らせる。事件の翌一九日には臨時閣議が不拡大方針を決定した。

政府声明の基本的な立場は日中共存共栄である。「今次の不祥事をして国交の破壊に至らしめず、更に進んで禍根を将来に断つべき建設的方策を講ぜんが為め、誠意中国政府と協力するの覚悟を有す」。民政党内閣は「禍《わざわい》を転じて福となす」決意だった。

若槻も幣原も柳条湖事件が関東軍の謀略であることを見抜いていた。九月一九日の臨時閣議の席上、若槻は南次郎《みなみじろう》陸相に詰問している。「正当防御《ぼうぎょ》であるか。もし然《しか》らずして、日本軍の陰謀略的行為としたならば、我が国の世界における立場をどうするか」。幣原は外務省側が得た情報の電文を朗読する。事実をもって語らしめる。その事実とは「極メテ陸軍ニ関シ不利」なものだった。

政友会の対応

満州事変に対する政友会の対応は一様ではなかった。最初の一ヵ月間は態度を決めかねていた。犬養は事変勃発後の一ヵ月間を静観に努めたとして、演説のなかで述べる。「吾党《わがとう》は常に慊焉《けんえん》たるに拘《かかわ》らず、勉《つと》めて国内の紛議を避け、当局をして自由に其《その》手腕を揮《ふる》わしめんが為めに隠忍沈静して今日に至った」。

このように平静を装いながらも、政友会は困難な立場に追い込まれていた。一九三一（昭和六）年一〇月一九日の緊急代議士会の様子が裏づける。森総務は政友会に対する誤解を正す必要を強調する。「政友会は幣原外交を攻撃するが、然らば政友会自身の外交方針（対支外交）は如何なるものであるか」。政友会は世論の疑問に答えなくてはならなかった。

いざとなれば武力行使も辞さず。森はそう息巻いていたはずである。ところが実際に事変が勃発すると、森の態度は慎重なものに転ずる。森が確認するのは田中義《ぎ》一《いち》内閣の基本方針である。森は同月同日の緊急代議士会で田中内閣の基本方針の一節をわざわざ引用する。「満蒙南北を通じて均《ひと》しく門戸開放機会均等等の主義に依《よ》り、内外人の経済的活動を促すことは同地方の平和的開発を速かならしむる所以《ゆえん》にして我既得権益の擁護乃至《ないし》懸案の解決に関しても亦右の方針に則《のっと》り之を処理すべし」。

森と同様の強硬論者だったはずの松岡も、柳条湖事件を報じる九月一九日の新聞朝刊を読んで落胆した。「砲火剣光の下に外交はない、東亜の大局を繫《つな》ぐ力もない。休《やん》ぬるかな」。松岡が求めていた経済的なアプローチによる対中外交路線は破綻した。

満州事変の勃発に対して、政友会の対応は抑制的だった。九月一九日に久《く》原房之《はらふさの》助《すけ》幹事長は談話発表する。「我党は此問題を政争の具に供するが如き卑劣な考えは持たぬ。又之がため日支両国間の開戦を見るに至りはしないかと憂うる向《むき》もあるが之れは目下の所右様な事は想像しない」。

ところが政府の不拡大方針にもかかわらず、九月二一日に朝鮮の現地日本軍が独断で越境し、関東軍は不拡大方針を無視する行動に出る。「幣原外交の失敗を徹底的に暴露糾弾」するための特別演説班を六大都市に派遣すべきだ。政友会内から強硬論が台頭する。それでも久原の態度は変わらない。「わが党の対支政策を内外に徹底せしめ幣原外交のたのむべからざる所以を国民に知らしむる事は必要である、ただ六大都市で演説会を開催する件は外交問題を政争の具に供するとの誤解を受くる恐れがある」。

久原はなぜ繰り返し外交問題を政争の具としないと強調したのか。満州事変が政党政治に対する挑戦だったからである。外からのクーデタとしての満州事変は国内のクーデタを誘発する。未遂に終わったものの、一〇月にはクーデタ計画（十月事件）が露見している。このままではクーデタによって軍部独裁政権が確立するかもしれない。二大政党は立場のちがいを超えて提携しなくてはならなくなった。

2　協力内閣構想から政党内閣の崩壊へ

満州事変の拡大

二大政党の提携は協力内閣構想として具体化する。その直接のきっかけは、満州事変の急変だった。政府の不拡大方針にもかかわらず、一九三一（昭和六）年一〇月八日に関東軍が錦州《きんしゅう》（万里の長城に近接する、軍事上・交通上の要所）を爆撃する。満鉄沿線から遠く離れた錦州の爆撃は、国際連盟の対日態度の硬化を招いた。関東軍の実行者は錦州爆撃を「国際連盟爆撃」とうそぶいた。事実、そのような政治的効果があった。国際連盟とアメリカは錦州爆撃を強く非難した。日本は国際的な孤立に陥った。

錦州を爆撃して南へと拡大するかにみえた現地軍は、今度は北へと北満州に向かった。政府はこのような現地軍に対する統制を回復し、満州事変の早期収拾を図らなくてはならなかった。このままでは国際的な非難のなかで、アメリカなどが対日経済制裁の挙に出ないとも限らない。対米経済依存の強い日本が経済危機のなかでアメリカから経済制裁を受けるようなことになれば、日本は立ち行かなくなる。あるいは外からのクーデタとしての満州事変が成功すれば、国内のクーデタを誘発して政党内閣が崩壊するかもしれない。どうすれば満州事変の早期収拾が可能になるか。政友会と民政党は協力内閣構想に賭ける。

民政党の側でもっとも積極的に協力内閣構想に関与したのは安達謙蔵《けんぞう》内相だった。安達に政治的な野心がなかったと言えば嘘になるだろう。安達は浜口後継の有力な候補者のひとりだったからである。協力内閣が実現すれば、副総理格で収まるつもりだったとしても不思議ではない。政治家である以上、政治的な野心を抱くのは当然だった。

協力内閣構想に対する安達の動機として、より重要なのは内相の地位に関連している。内相としての安達は、陸軍参謀本部の将校がクーデタを謀議しているとの情報を知る立場にあった。外からのクーデタ＝満州事変と内からのクーデタ＝十月事件の相乗効果によって、軍部が政党内閣を倒そうとしている。安達は国内外の危機の増幅を防がなくてはならなかった。

原田熊雄《はらだくまお》は安達の真意を了解して、一一月二九日に元老西園寺に伝える。「今日安達内務大臣が、やはり連立を考えている主な動機は、無論悪く見れば内務大臣自身の自惚《うぬぼれ》からでもあろうけれども、実際世間にある政党否認論及び軍部の悪化が国家に対して禍である、ということを、心から心配している点も買ってやるべきではあるまいか」。

安達は若槻にその前日の前後に協力内閣構想を打ち明ける。「問題は頗《すこぶ》る多いし、非常に空気も悪いから、この際英国流に犬養を首班にして、協力内閣でこの難関を押切ったらどうか」。この年の八月二五日、二大政党制の国イギリスで、経済危機からの脱却を共通の目標として、保守党と自由党、労働党の一部によるマクドナルドの挙国一致内閣が成立していた。そのイギリスを模範とする安達は、野党の政友会に首相のポストを渡すという大胆な譲歩をしてでも、協力内閣の成立をめざす。経済危機・対外危機・国内危機に陥っているとの認識を共有する若槻は賛成する。「それは非常に結構だから、ぜひ一つ実現するように尽力してみないか」。

政友会はどう対応したのか。党内の意見は割れていた。ある党内勢力は幣原外交の責任を追及して、倒閣をめざした。他の党内勢力は、国民世論の動向を考慮して、倒閣に抑制的だった。政友会のある総務は倒閣に反対する。「満州事変の落着せざる今日、徒《いたず》らに党大会を開催して倒閣運動に進むことは輿《よ》論を裏切るものにして、国民の信望を得る所以に非《あら》ず、寧ろ静観して自然的崩壊を待つに如かず」。

倒閣運動の抑制から一歩踏み込んで、協力内閣構想に積極的な人物もいた。松岡洋右である。松岡は牧野伸顕《まきののぶあき》内大臣に「今日は私を捨てて協力内閣に依るの外なし」と一〇月一五日に語っている。満州事変の勃発に落胆した松岡のことだから、事変の収拾のために、協力内閣に積極的だったのは当然だった。

政友会のもうひとりの有力な協力内閣論者は久原幹事長だった。久原は元老西園寺に「さかんに連立内閣の必要を説いていた」。西園寺はイエスともノーとも言わない。西園寺は協力内閣の意義を認めながらも、衆議院の多数派が内閣を組織するべきであるとの単独内閣を支持していたからである。それでも久原は「またこのことについて参りますから」と引き下がらなかった。久原は外交問題を政争の具とすることに反対していた。民政党の協力内閣論者にとって、久原も有力なパートナーになり得る人物だった。松岡や久原のほかに秋田清《あきたきよし》総務や前田米蔵《まえだよねぞう》顧問も協力内閣運動に加わった。松岡らは協力内閣の必要性を「極力誠意を以て党の重《お》もなるものに進言」した。安達は反対者がいるのは承知で、それでも「犬養其他長老連を始め大勢は落附《おちつ》くに至らん」と観測していた。

国際情勢の緊迫化が協力内閣構想を急がせる。ジュネーヴで国際連盟理事会が一〇月二四日に期限つき撤兵勧告案を採決したからである。安達は一一月二一日に政民協力内閣案の声明を出す。一二月九日、安達の腹心の富田幸次郎《こうじろう》と政友会の久原幹事長との間で、協力内閣の誓約書が取り交わされる。その結果、政民いずれの党首に大命が降下しても、閣僚は両党の協議で決めることになった。この誓約書をもとに、翌日、富田は若槻に協力内閣の実現を求めた。

幣原の反対

しかしこの時までに若槻は消極的な姿勢に転じていた。閣内の意見を考慮したからだった。なかでも幣原外相の反対が強かった。なぜ幣原は協力内閣構想に反対したのか。

幣原は陸軍中央との連携によって、不拡大方針による早期収拾を図っていた。南陸相はもとより、幣原が厚い信頼を寄せたのは金谷範三《かなやはんぞう》陸軍参謀総長だった。幣原は金谷を「至誠の人」と呼ぶ。幣原が金谷を手放しで称賛したのには訳があった。

現地軍は一一月下旬にあらためて錦州攻撃の作戦行動を実行しようとした。錦州攻撃はさきの政治的なデモンストレーションとしての錦州爆撃とは本質的に異なる。満州事変の事実上の拡大だった。陸軍中央は必死に抑えにかかった。その先頭に立ったのが金谷だった。参謀本部は一昼夜に四度の委任命令権の発動という非常措置によって、錦州に出動した部隊を奉天に引き返させた。「これで私〔幣原〕は大いに安堵《あんど》した」。幣原は金谷・南の陸軍中央との連携によって、乗り切る決意だった。

錦州攻撃はかろうじて回避したものの、楽観は許されなかった。幣原が憂慮したのは国内情勢である。九月一八日からの二ヵ月ほどの間に、国内情勢が大きく変動していた。幣原は国際連盟日本国事務局長や駐米大使に宛てて、一九三一（昭和六）年一一月一八日に国内情勢の急変を伝えている。「本邦に於ては軍部、右傾派等は勿論《もちろん》比較的自由なる意見を有する方面に於ても対支反感著しく高まりたる折柄《おりから》〔中略〕今次事件の発生を見るや我国論は各階級を通して対支強硬意見に一致し殊に従来満州問題に関し比較的冷淡なるやに認められたる一般民衆の態度は今や過去二大戦争当時の状況を髣髴《ほうふつ》たらしむるものあり」。

このような国内情勢を前にして、幣原は九月一八日以前の日中関係に戻ることを困難と考えるようになっていた。なぜならば国民の対中国強硬論を抑えようとすると、不満が爆発して憂慮すべき国内状況を引き起こすおそれがあったからである。

現地軍に対する統制と国内の反動との間でバランスをとるのはむずかしかった。現地軍の行動を強く抑制すると、国内で反動が起きる。国内の反動を考慮して統制を緩めると、満州事変は拡大する。

国際状況と国内状況の間の均衡点はどこに見出すことができるのか。日本は一一月二一日の理事会に提案する。それは満州と中国本土に国際連盟が調査委員を派遣する案だった。幣原はこの案の意図をジュネーヴに伝える。「我方より進んで右視察員の派遣を要求すること却《かえっ》て有利なるが如き事態も予想し得らる」。

幣原は勝算があった。国際連盟の調査委員が「支那の全般的形勢を実地に就て見聞する」。そうすれば「支那各地に於ける対日不法行為」や「支那は日本其他各国との条約を履行するの能力ありや」否やなどがわかるはずだったからである。

国際連盟側は日本の提案を歓迎した。状況の進展に対して打つ手がなかった国際連盟側にとって、日本の提案は渡りに船だった。一二月一〇日の理事会は全会一致で調査団の派遣を決定する。幣原の筋書きどおりに話が進み始めていた。

協力内閣構想の挫折

安達が幣原に協力内閣構想を持ちかけたのは、国際連盟調査団の派遣でまとまりかけていた時だった。幣原は異議を唱えた。「野党の政友会を入れて、一緒に責任を持たせようという話だが、それで事件の拡大が防げるとか、問題の解決が出来るとかいうものじゃない」。

幣原が言うのももっともだった。ようやく事態の収拾がみえてきたなかで、協力内閣では対応が複雑になりかねない。あるいは百歩譲って協力内閣を作っても、一九三一（昭和六）年九月一八日以前の段階に引き戻すことは困難だろう。それならばこのまま民政党の単独内閣で乗り切ればいい。こうして若槻は、主要閣僚のひとりから反対の意思表示を受け取った。

もうひとりの主要閣僚、井上準之助《じゅんのすけ》蔵相も協力内閣に反対だった。金本位制をめぐって政友会と対立していただけでなく、井上は協力内閣構想が「軍部を掣肘《せいちゅう》」するというよりも「軍部に媚《こび》んとするもの」であると批判した。

井上財政に対する疑問は民政党内からも起きていた。たとえば浜口から若槻に首相が交代した際、安達は緊縮政策の修正に積極的だった。あるいは民政党に近いふたりの貴族院議員（青木信光《あおきのぶみつ》子爵と馬場鍈一《えいいち》）が一二月六日に牧野伸顕に訴えている。「政局此儘《このまま》議会に臨まば、蔵相前議会に於ける言質に拘わらず、増税赤字補充の為め募集を含める予算到底貴院にて無事には治まるまじく、昨年以上の乱脈は下院にても必らず演出すべく、其機に乗じ例の非立憲的策動行わるるに至るべく〔以下略〕」。

牧野はこれに対して「如何なる内閣の希望なるや」と問う。答えは要領を得ない。「政友会にても困難なるべしとの意向は洩《も》らしたるが、去り《〔ママ〕》とて此人ならばとの意見も口外せられず」。これでは井上財政が続くことになる。

井上財政が続くのであれば、政友会との対立は決定的となる。一一月一〇日の政友会議員総会はあらためて金輸出再禁止を決議する。政友会にとって一刻の猶予もなかった。政務調査会長山本条太郎《じょうたろう》は危機を訴える。「今や国民経済を維持するため、已《や》むなく金輸出再禁止を断行する以外有効の手段なき急場に迫ったのである。而《しか》もこれを行うこと一日遅るれば国家の損害は回復し難きものあろう」。経済・財政をめぐる基本政策が正反対ならば、たとえ満州事変対策を目的としてであっても、連立内閣の成立は困難だった。

協力内閣でなければ、政友会は単独内閣をめざすことになる。政友会内での単独内閣志向の強まりは、協力内閣論者の松岡も認めることになる。「矢張《やは》り単独内閣の私心に籍〔駆〕らるるもの大勢を制し、慨嘆に堪えず、止むを得ず静観の外なし」。

松岡が「静観」するようでは、政友会内では誰も協力内閣を主張しなくなる。政友会の機関誌のある論考は、一一月二六日に記す。「如何に政府や与党で、問題の解消、政局不安の一掃を力説宣伝しても、世間は信じない」。この論考は今にも内閣総辞職の報に接するのではないかと予測している。政友会は協力内閣よりも政変に備えることになる。

協調外交からの逸脱

単独政権をめざす以上、政友会は政策のちがいを強調するようになる。政策のちがいは経済・財政政策だけでなく、外交政策もそうだった。さきに幣原が警戒した国内世論の対中国強硬論を追い風として、政友会は協調外交から逸脱していく。

一九三一（昭和六）年一一月一〇日の政友会議員総会は外交問題をめぐって決議する。「満蒙は帝国の生命線なり。這次《しゃじ》満州事変は在満同胞の保護と既得権益の擁護とを基調とする自衛権の発動に外ならず、乃《すなわ》ち其保証を得るに至らざる限り断じて撤兵を許さず、国際連盟にして苟《いやしく》も正当の認識を欠き、干渉圧迫に非違を反省することなくんば、我が帝国は連盟の脱退をも辞せず」。

これでは現地軍と選ぶところがない。対外危機をめぐっても政友会が協力内閣構想に応じる可能性はなくなった。

対する民政党も単独内閣志向を強める。党機関誌のある論考は「連立内閣夢物語」として協力内閣を「黙殺せよ」と意気込む。この論考は強調する。民政党は衆議院で絶対多数の二百七十余議席を得ている。「此の数字こそ、挙国一致的の数字」である。すでに民政党内閣＝挙国一致内閣が成立している。「時局重大の名の下に企《た》くらまるる挙国一致内閣説、乗ってはならぬ口車、若《も》し誤って転落せんか、それこそ魔の深淵《しんえん》である」。

民政党も協力内閣構想から離れていくと同時に、返す刀で政友会の「満蒙」外交を批判する。「政友会は過去に於て満蒙問題解決に関し何等寄与する処《ところ》なく、却って日本の満蒙に於ける地位を動揺せしめ、甚だしきは後退せしむるが如き事を敢《あえ》てし、偶《たま》ま何事をかなしたるとすれば満蒙を以て私利私欲を充たす為に利用したるに過ぎざる有様である」。これでは民政党の側からも協力内閣構想に乗ることはできなくなった。

若槻は一二月一〇日に党出身の閣僚を招集して問題を討議する。各閣僚は、協力内閣に反対だった。彼らは安達を招致して説得を試みる。安達は抵抗する。翌一一日の早朝三時まで自説を延々と繰り返す。その後の説得も無駄だった。安達は辞職も拒んだ。やむなく若槻は辞表を提出する。ここに民政党内閣は崩壊した。

たとえ協力内閣が成立したとしても、幣原は新内閣に留任するつもりがなかった。安達にそう言って幣原は断っている。幣原を欠く協力内閣では、対外危機対策の行方も危ういものになっただろう。

それにもかかわらず、協力内閣論者は執着する。若槻内閣崩壊後、彼らは二大政党制の限界を乗り越えようと試みる。たとえば安達は国民同盟を結成して、第三勢力に意を注ぐ。あるいは松岡は、のちに政党解消運動を展開する。協力内閣構想が不発に終わったことは、国内政治に大きな影響を及ぼすようになる。

犬養政友会内閣の成立と民政党

若槻は辞表を提出したものの、閣内不一致を理由としなかった。安達を追い出し、大命再降下をねらったからである。ところが元老西園寺の考えはちがった。二大政党制を支持する西園寺は、民政党内閣が行き詰った以上、つぎの政権は政友会が担うほかないと考えた。大命は犬養に降下して、一九三一（昭和六）年一二月一三日に犬養内閣が成立する。前回選挙で一七四議席の少数与党の内閣だから、解散・総選挙は時間の問題だった。

しかし解散・総選挙よりもさきに犬養内閣はやるべきことがあった。それは年来の主張である。金輸出再禁止だった。犬養はふたたび危機の時代の救世主、高橋是清《これきよ》を蔵相に迎えて、組閣と同時に金輸出再禁止を決定する。

対する民政党は総選挙に備える。このままではみすみす絶対多数を失うことになる。解散含みで一二月二六日に第六〇回通常議会が開かれる。民政党は一二項目の政策を発表する。その第一は、「国体観念に関する国民精神の徹底」だった。

これでは民政党の政策は、「皇室中心主義」の政友会の政策とどこがちがうのかわからない。民政党がわざわざこのような政策を掲げたのは理由があった。翌年明け早々の一月八日、桜田門《さくらだもん》事件が起きる。この日、陸軍始観兵式からの帰路、桜田門の警視庁前で、天皇の行列に向かって手榴弾《てりゅうだん》が投げつけられた。桜田門事件とは、この天皇暗殺未遂事件のことである。

犬養内閣は即日総辞職を決めたものの、天皇の意向で全員が留任した。民政党は桜田門事件を倒閣の材料にして、政友会の犬養内閣の責任を追及する。民政党の全一二項目中の第一項目「国体観念に関する国民精神の徹底」は、桜田門事件にもかかわらず、責任をとらずに政権に居座り続ける政友会を非難してやまなかった。「君命に藉口《しゃこう》して責を免れ、恬《てん》として恥ずる所を知らざるなり。此の如くにして如何ぞ能《よ》く国体の尊厳を保持し、輔弼《ほひつ》の大任を完《まっと》うすることを得んや」。

対する経済政策の優先順位は低い。一二項目中、六番目以下である。金本位制＝緊縮政策の限界は民政党も認めざるを得なくなっていたからだろう。党機関誌（一九三二年二月号）は服部文四郎《はっとりぶんしろう》早稲田大学教授の論考を掲載している。「金の輸出禁止を躊躇《ちゅうちょ》すべき時期ではない。金の輸出禁止は政友会の行うべきことでは無くして民政党の断行しなければならない金融政策である」。服部がこう挑発すると、「其処《そこ》に出席せられたる民政党代議士の多数は私の所見に大体に於て賛成せられ、金の輸出禁止は民政党の手に依りて行わんとするの意向をさえ示されたのであった」。

これでは金輸出再禁止によって経済危機が再来しない限り、民政党に総選挙の勝ち目はなかった。

外交政策は三番目で「対支諸懸案の根本的解決」である。しかしその解決策では柳条湖事件が起きる前の状況に戻すことはできなかった。党機関誌のある論考は、「国際連盟の認識不足」を批判する。「連盟事態〔自体〕が今少し世界の現実に対して認識を昂《たか》めなければならぬ。／我々は完全なる自治の国家を有せざる、国際的義務を履行せざる、国際条約を尊重せざる支那の如きが連盟に加わっておることすら不可解に思うが、その支那の虚構な空宣伝に乗せられていい気になって日本一国を陥れんとした列強の大人気《おとなげ》なさが寧ろ滑稽な感がした」。民政党は満州事変の拡大を追認するにすぎなくなった。

強気の政友会

政友会は総選挙になれば勝てると確信していた。高橋蔵相は金輸出再禁止が誘導する円安を利しての輸出拡大と積極財政による景気回復の道筋を議会で堂々と主張した。「之に依り不自然なりし為替相場は低落し、物価は対内的に騰貴し、対外的には却って低落するの道理に基きまして、国内産業の刺戟《しげき》となり、延《ひ》いて外国貿易上にも好影響を及ぼし、不況打開の曙光《しょこう》が此処《ここ》に現われたのであります」。

しかし犬養内閣の外交政策はなす術《すべ》がなかった。満州事変の拡大は新国家が樹立される勢いだった。一九三二（昭和七）年一月には上海《シャンハイ》へと戦火が広がる。上海事変の勃発である。党機関誌の記事は、つぎの新聞記事を肯定的に引用して、満州新国家も上海事変も追認する。「性こりもない排日抗日は遂に世界的正義を排し、国際的信義に抗するものと知れ。／満蒙独立国が新たに青、黄、赤、緑、黒の五色旗を高く掲げるとき近づいて、張学良《ちょうがくりょう》はさびしく白旗を掲げる」。

いつまでも少数与党の内閣ではいられない。犬養首相は一月二一日に衆議院を解散する。政友会は「犬養景気」だけでなく、満州事変も争点として総選挙を戦う。ある者は「定石外交か進取外交か」を問う。別の者は「自主外交の大主義」を掲げる。「満蒙独立国の膳立をなしたる」現地軍を称賛する者や「直《ただち》に新満州国承認」を求める者もいた。

こうなると外交については政友会も民政党も同じだった。有権者に選択の余地はなかった。

二月二〇日の総選挙の結果はどうだったか。政友会三〇一議席、民政党一四六議席で政友会の圧勝に終わった。満州事変対策にちがいはなかった。そうだとすれば、政友会の勝因が「犬養景気」だったことは明らかだった。

犬養内閣の崩壊

満州事変は政党政治に対する軍事的な挑戦だった。それにもかかわらず、二大政党は協力しなかった。政友会と民政党は協力すべき時に協力しなかったことの大きな代償を払うことになる。

満州事変を直接のきっかけとする国内の「ファッショ化」、つまり軍部による政治支配の傾向は、民政党のよく自覚するところだった。民政党のある論考の主張は、一見すると堂々たるものである。「ファシズムの拡充は民衆の自由を奪い、憲政の発達を阻害するものであって、断乎《だんこ》として吾等民権者の拒否せねばならぬところである。政治のファッショ化は決して彼等の誇称する如く吾々民衆の生活に幸福を齎《もた》らすものなるや」。

ところがこの論考によれば、「ファッショ化」とはつぎのことだった。「挙国一致内閣にしろ、協力内閣にしろ、それは近頃流行の政治のファッショ化としか見えない／政治のファッショ化は、我国に於ても一部の反動政治家や、国粋論者の間に久しく唱えられるところであって、彼等はこの政治のファッショ化に依てのみ、国家の難局が救わるるかの如く妄想している」。これでは政友会と民政党の協力内閣論者も「反動政治家」「国粋論者」も十把一《じっぱひと》からげになってしまう。

対外危機は行き着くところまで行き着かなければ沈静しなかった。上海事変は何とか早期に解決した。欧米列国の権益が錯綜する上海での軍事行動は、対応を誤ればたちまち欧米との正面衝突を引き起こしかねなかったからである。

他方で満州事変対策は思うようにはいかなかった。犬養個人は満州国の建国に反対だった。しかし犬養内閣が抵抗した痕跡は乏しかった。犬養は総選挙直前、一九三二（昭和七）年二月一七日の議員総会でつぎのように演説している。「満州に於ては擾乱《じょうらん》の態《てい》を払い解決せねばならぬことが多々ありますが、〔中略〕深甚なる考慮を趨勢《すうせい》に於ては、即《すなわ》ち軌を一にしているのであります」。然しながら擾乱の態を脱して建設の途に就く趨勢に於ては、即ち軌を一にしているのであります」。満州国は三月一日に建国する。犬養内閣は建国過程を傍観するにすぎなかった。

国内のファッショ化は民政党を襲う。選挙戦のさなかの二月九日、国家主義者のグループ（血盟団《けつめいだん》）のひとりが井上準之助を暗殺する。井上が非業の死を遂げたにもかかわらず、民政党に同情票は集まらなかった。自由主義者のジャーナリスト馬場恒吾《ばばつねご》は、井上の暗殺と民政党の敗北とをつぎのように関連づけて説明する。井上は選挙資金を「二百五十万円作るといっていた、百万円位作ったところで兇変《きょうへん》にあったその後の民政党候補の困り方には筆紙に尽されぬものがあった」。要するに井上の死は民政党選挙資金の枯渇を意味した。

馬場は言う。「選挙がこのように、現金の算盤《そろばん》勘定になっては、われわれは頓と興味がなくなる」。この期に及んで金権政治が横行していた。

それでも馬場は希望を捨てない。「政党が反省しなければ、議会政治が危いということは政友会も民政党も痛感しているであろう。かれらは共に議会政治を擁護するために努力すべきだ」。

しかし政党がすぐに反省することはなかった。民政党は幹事長永井柳太郎《りゅうたろう》のように、敗因を省みることなく、政友会を非難する。「政友会内閣は歴代、権力を濫用して政友会と結托〔託〕せる一部財閥の利益のために、国民生活を搾取することが其伝統政策である。今回の選挙に於ける暴圧と買収の如きも亦其政策の露骨なる一表現に外ならぬ。即ち最悪の階級専制を行うたものであって、吾等の断じて容認し得ざる処である」。

政友会は政友会で、第六一回臨時議会（三月一八日召集）の運営を自画自賛する。少数野党の民政党に「論議を許したる政友会の襟度は宏大《こうだい》で、蓋《けだ》し亦議会の信用を高め憲政の済美《せいび》を念とするの現われである」。

金輸出再禁止では政友会を支持した石橋湛山《たんざん》であっても、政友会の大勝をもって国民が政友会の政策を信任したとは「俄《にわ》かに裏書する勇気をもたぬ」と言う。犬養内閣が政策の信任を得るべく、総選挙後、再出発した矢先、テロが今度は犬養を襲う。海軍の青年将校、陸軍の士官候補生と農本主義者のグループが五月一五日にテロとクーデタの未遂事件を起こす

（五・一五事件）。一味は犬養を射殺する。犬養内閣は崩壊した。

国民は「憲政の神様」尾崎行雄《おざきゆきお》と並ぶ憲政擁護運動の長年の指導者犬養の死を悼んだ。他方で五・一五事件の首謀者たちへの減刑嘆願運動が始まる。国民は犬養に同情しても、政党政治の危機を招いた二大政党制に対する懐疑の気持ちを強めた。犬養の政友会内閣が崩壊したあとを政党内閣が引き継ぐことはなかった。

3　二大政党のファシズム批判

政友会の反ファシズム論

政友会にとって五・一五事件は衝撃だった。たとえば政友会の衆議院議員星島二郎《ほしじまにろう》は言う。五・一五事件とは「政党の一部腐敗を憤激する余りに全政党政治を否認し、そのために先ずその首領を斃《たお》して了《しま》おうといったような極端ファッ〔シ〕ョの一表現」だった。「政党政治を否認し、進んでは議会政治をも打ち壊さんとする意味に於けるファッショは、断乎として排撃せざるを得ない」。

欧州ではイタリアでムッソリーニのファシズムが台頭していた。星島は批判する。「ムッソリーニは偉いかも知れんが、イタリイの民衆と日本の民衆を同一視されては困る」。星島の見るところ、貧困層の多いイタリアの現状は、幕藩体制下の日本に等しい。独裁政治が続くはずはない。星島はイタリアだけでなく「亦ドイツがどんなになっても結局議会を守らなければならない」と議会政治を擁護する。

他方で星島は認める。「政党政治が漸《ようや》くここに四五年来本調子となり来った時に於て、既に一部にその弊害の現われて来たことは事実である」。どうすれば政党政治の悪い点を克服できるのか。五・一五事件の誘因となった議会政治の体《てい》たらくを反省する星島は、「新議会主義」を提唱する。

「新議会主義」とは、憲法改正をともなうような議会政治の改革だった。以下にそのまま引用する。

鈴木喜三郎

「議会を構成する政治家の頭が悪ければ変えてかからなければならぬ。憲法に改正を要する点があれば、これも変えなければならぬ。両制度に不都合があればこれも変えるがいい。選挙法も同断、現行法が不完全ならばこれも完全にし、その他財閥擁護の結果となれる現行の財政諸税政策も大立直しを断行して、然る後に議会を守れというのである。或はこれは革命に近い程の大改革になるかも知れないが、それも議会政治の完成のためには止むを得ない」。

自ら招いた議会政治の危機に立ち向かうためには、ここまで徹底しなくてはならなかった。

犬養内閣の崩壊後、つぎの内閣を組織したのは、ロンドン海軍軍縮条約に賛成した海軍「穏健派」の長老、斎藤実《まこと》だった。非政党内閣＝「挙国一致」内閣に対して、鈴木喜三郎《きさぶろう》新総裁が陣頭に立ち、政友会の幹部は全国遊説を開始する。各地での大会はつぎつぎと決議文を採択した。優先順位の第一位は「政党政治ノ完璧ヲ期ス」だった。

選挙法改正問題

「政党政治ノ完璧ヲ期ス」ために、政友会が最初に取り組んだのが選挙法の改正による選挙公営である。五・一五事件を直接のきっかけとして、社会で既成政党への非難が広まる。衆議院議員竹下文隆《たけしたふみたか》は社会の誤解を解くために選挙法の改正を唱える。なぜ選挙法の改正なのか。「選挙は憲政運用の土台であって、仮にもその公正が世間に疑われては議会政治に対する信頼も薄くならざるを得ない」からだった。

選挙公営案は誰もが賛成するはずだ。逓信政務次官牧野良三《りょうぞう》は言う。「立憲政治が正しきコースを進み得ないのも、要するにこの選挙法の欠陥が齎らした結果であると言ってもいいのであって、今日選挙法改正の必要が叫ばれるのも決して偶然ではないのである。この点に就ては日本ファシストの方でも、又問題の軍部の中心勢力の方でもその必要を認めている」。「選挙公営は選挙運動の自由を制限するものだ」。牧野はこのような批判を退ける。牧野の主張の背景にあったのは、〈自由〉（＝一九世紀の中心思想）に対する〈統制〉（＝二〇世紀の中心思想）の優位という時代認識だった。「放埒《ほうらつ》なる自由、弊害ある自由を統制し、自由が期待したる結果を齎さんとする所に統制主義の精神がある」。

選挙公営論に引きつければ、牧野の言いたいことの趣旨はつぎのようになるだろう。志のない者でも、金持ちならば選挙に勝って政治家になれる。志があっても貧しくては政治家になれない。このような自由放任ではいけない。貧しくとも志のある者が政治家になれる。そのためには金のかからない選挙の公営化が必要だ。要するに牧野は、選挙公営をとおして、立憲政治の「理性化」をめざした。

選挙制度の改革の点では、ヒトラーが台頭するドイツであっても日本の模範だった。一九三二（昭和七）年に欧米を歴訪した船田中《ふなだなか》衆議院議員は、ナチスが第一党になった七月の総選挙を目撃している。船田は感嘆する。「独逸《ドイツ》は比例代表の御蔭《おかげ》で、仰山な選挙運動がない。固《もと》より戸別訪問や買収は絶無である」。これならば「争うにも味方するにも、堂々と主義主張に邁進《まいしん》してゆくことが出来る」。日本でも第一回の男子普選の実施をきっかけとして、選挙運動の制限が強化されていた。戸別訪問や電話などによる選挙運動は禁止だった。しかし選挙違反の連座制は骨抜きとなった。実際に選挙運動がおこなわれると、買収などの選挙違反が横行した。

もっとも選挙制度以外に船田がドイツをまねる気はなかった。「党争は極めて激烈」、ためにドイツ国内は内乱状態に陥っていたからである。ドイツよりも見習うべきはイギリスだった。船田の見るところ、「英吉利《イギリス》の政治は、立憲政治が生きた現実」となっていたからである。

産業五ヵ年計画

〈自由〉から〈統制〉への時代思潮の転換は、選挙制度に止まらず、改革の全般に波及する。政友会にとってその具体化の一つが産業五ヵ年計画の策定だった。政友会顧問山本条太郎は経済危機の克服政策としてこの計画の重要性を強調する。他方で産業五ヵ年計画は政友会の産業立国主義の政策化だった。

山本は〈自由〉主義経済を前時代の遺物と片づける。「過去の歴史に過ぎない自由貿易主義に執着するが如きに於ては、国民経済の危機は永久に救われない」。代わりに国家が主導する〈統制〉経済を進める。「適度の保護政策」を採りながら、国家が産業の発展のために、指導・助成する。

政友会は山本を会長とする政務調査会が産業五ヵ年計画の具体的な五項目を決定した。五項目とは、①生産費の低下、②生産の統制、③保護関税政策、④保護助長政策、⑤産金政策だった。

政友会は産業五ヵ年計画の樹立と同時に経済政策全般の改革を志向する。この観点から実現をめざしたのが「奢侈税《しゃしぜい》」の設定だった。山本によれば、「奢侈税」は欧米諸国が殆ど例外なく実施している。それだけではない。「刻下の国難に際し比較的負担力を有する階級が其義務を分担するは社会政策的意義に於も敢て不合理とは認められない」からだった。

山本は以上のような産業立国主義の政策化を「新経済国策」と呼ぶ。「新経済国策」によって国民所得の増進と大衆生活の安定が生まれる。山本は「国民一致協力して我が経済政策の大転換に当る以外他に方法はあり得ない」と言い切った。

政友会の憲政常道論

政友会は山本の言うように、国民に「一致協力」を求めた。しかし挙国一致内閣を求めようとはしなかった。政友会幹事長山口義《やまぐちぎ》一《いち》は一九三二（昭和七）年一二月二三日の議員総会で挙国一致内閣を否定する。「斎藤内閣成立の頭《（当）》初、所謂《いわゆる》挙国一致内閣の美名に酔いたる者さえも、今や切実に此の如き寄合世帯内閣を以てしては到底現在の国難燮理《しょうり》の大任に堪えざることを痛感しつつある状態であります」。山口にとって斎藤内閣は「憲政上の大変態」だった。

山口は別の言い方をする。斎藤内閣は「憲政常道の本義に照《てら》し甚だ遺憾なる事実であり、一日も早く常態に立ち戻らしむる」。「常態」とは憲政常道に基づき衆議院の多数派が政権を担うことを指す。政友会は衆議院で三百余議席を占める。斎藤内閣のつぎは政友会内閣の順番だった。政友会の定時大会は翌年一月二〇日に「憲政ノ常道ニ復帰」することを満場一致で決議する。

政友会の立場は憲政常道論に基づく単独内閣だった。「非常時局の下には政党内閣、少くとも、単独政党内閣の成立は不可であるとの噂《うわさ》を世上にきくが、吾々には何の意たるを解し兼ねる」。斎藤内閣にもいいところがある。それは財政経済政策だと山口は言う。もっとも高橋蔵相が留任し、「我が党の政策を其儘踏襲実現せるもの」だったから、それは当然だったことになる。山口は政友会内閣になれば、もっとうまくやれると言わんばかりだった。

政友会は一九三三年一月二一日に再開した議会を「憲政常道の復帰に資すべき議会」と位置づける。「寄せ木細工の現内閣」に代わって、政友会が単独内閣を作る。「議会政治、政党政治の是非などは今更ら問題でない」。政友会は政党内閣の復活=政友会単独内閣をめざす。

民政党のファシズム批判

民政党は、五・一五事件が政友会に与えたのと同様の衝撃を、すでに浜口首相の遭難と井上蔵相の暗殺によって受けていた。テロを憎む民政党にとって意外だったのは、社会の側の受け止め方である。

民政党の党機関誌の一論考は批判する。「兎《と》も角《かく》もこの問題に対する世間の輿論は暢気《のんき》にすぎる。当局の態度はなまぬるい」。ところが井上蔵相の暗殺の報に接した犬養首相は、三ヵ月後に自身も同じ運命になるとは少しも思わず、「こういうつまらぬことをするものがあるのは困ったものである」と軽く片づける。中橋徳五郎《なかはしとくごろう》内相も「こんなことがあるとすれば今後お互に注意しなければならぬ」と「路傍の石塊にでも躓《つま》ずいた位にいう」。警視庁は「今後大官の身辺を警戒せよ」と「思い出したように」訓令する。新聞は「犯人のクローズアップを掲げて暗にそのテロリズムを表彰するかに見える」。民政党は憤慨し苛立《いらだ》つ。「当局も輿論も何ぞ奮起してかかる直接行動の非違を天下に糺弾《きゅうだん》せざるや」。

民政党はファシズム批判を強める。党機関誌は東京帝国大学講師堀真琴《ほりまこと》のファシズム批判論を掲載する。この論考はファシズムの特徴をムッソリーニのイタリアがそうであるように、「強力な中央集権と計画的な統制経済」に求める。中央集権と統制経済によって、権力を強める政府が議会を無力化する。これがファシズムだった。

堀は日本もファシズム化の傾向があると指摘する。なぜならば「資源の乏しいことが却って中央集権と統制経済とを必要ならしめる」からである。それだけではない。「我が国の社会情勢は、対外的にも対内的にも全く行き詰まっている。〔中略〕加之《しかのみならず》議会政治に対する信頼は、最近頓《とみ》に減退している」。こうなると国民は現状打破のために、ファシズムを歓迎するようになる。堀は日本のファシズム化を警戒した。

党機関誌の別の論考はファシズムを全否定する。ファシズムの指導原理は「極めて簡単明瞭」である。「自由の否定、理論の否定、個人の絶対服従、復古主義、更に強力なる暴力団の支配等が、漠然として彼等の国家及び人民を引き摺《ず》って居る」。あるいは「批判の価値すらない」と退ける。

それにもかかわらず、最近は日本でも「ファシズムの独裁政治を謳歌《おうか》して居る者がある」。このようなファシズム礼賛論者は「文化人としての精神異常者か、然らざれば専制思想の懐抱者たるの誹《そし》りを免れない」。

民政党はファシズムを批判して議会政治を擁護する。若槻総裁は一九三二（昭和七）年九月二一日の関東大会で演説している。「我が国立憲政治を否認せんとする思想及び運動は、今尚《いまなお》一部に行われて居ります。国政を若干の独裁者に任せて国民は其頤使《いし》に甘んぜざるべからざるが如きは、我が国民の到底堪え忍ぶ能《あた》わざる所でありまして、国運はこれが為め却って逆行致すべき事は火を睹《み》るよりも明らかであります」。

この演説で若槻は、独裁専制政治がおこなわれているのは欧州の「国民の生活の著しく苦悩に陥って居る国々」であるとして、言外に日本はそうではないと示唆する。衆議院議員内《うち》ケ《が》崎作三郎《さきさくさぶろう》は欧州でもファシズムはイタリア以外に成功していないと言う。スペイン、ポーランド、ハンガリー、トルコ、ポルトガル、ギリシャ、ユーゴスラビア、ルーマニア、いずれの国も「財政状態、社会状態は独裁政治に依って余り改善されて居らぬのみか、改悪されて居る処も尠《すくな》くない」。対する英、仏、ベルギー、オランダ、北欧三国の議会政治を維持している国は「幸福にして平和なる日を楽しみつつある」。

日本も議会政治を擁護しなくてはならない。そのためには「政府党が反対党の批評に耳を傾けて、幾分なりとも反対党の主張する政策を行い得ること」が重要だ。内ヶ崎は強調した。

これほどまでに徹底的なファシズム批判にもかかわらず、民政党もファシズムの魅力から逃れることはできなかった。党機関誌は早稲田大学教授喜多壮一郎《きたそういちろう》がナチスの青年部組織（ヒトラーユーゲント）を紹介している。喜多は注目する。「ヒットラ〔ママ〕が青年に訴えるところの強大さは、他国にその類をみない」。ナチスの中堅となる青年を育成する組織がヒトラーユーゲントである。

民政党もヒトラーユーゲントに倣って、民政党青年部を一九三二年九月一四日に設立する。「一君万民は我が建国の大義なり」から始まる宣言は、精神主義に彩られている。青年部の部長はよりによって内ヶ崎だった。理事には喜多も名を連ねていた。

計画経済批判

ファシズム批判では政友会と同様だった民政党も、経済・財政政策となると話はちがった。民政党総務の川崎克《かわさきかつ》は批判する。政友会の産業五ヵ年計画はソ連の計画経済の模倣である。政友会は弁明する。「世間動《やや》もすれば我党の産業五箇年計画を以て、赤いロシヤの模倣であると貶《けな》す人もある」。川崎は重ねて批判する。「誇大にして自信なきこと、労農ロシヤの其れと好一対である事を告白するものに外ならない」。

川崎は政友会が模倣するソ連社会主義計画経済をイデオロギーの観点から批判するのではなく、後進国の経済ナショナリズムの観点から分析する。ソ連の五ヵ年計画は「経済産業が資本主義列強に比し数十年も遅れて居るのを自覚した結果」である。そうだからこそソ連は「強制労働もダンピングも、又其の他如何なる犠牲も敢て辞する所ではない」。なぜ日本はそのような後進国のまねをしなくてはならないのか。川崎は言外にそう示唆した。

しかし政友会が模倣するソ連型計画経済を批判しながらも、川崎は統制経済を否定しない。川崎は政友会の産業五ヵ年計画の「第二、生産の統制」を引用する。そこに書いてあることは一足早く民政党が主張している。川崎は自党の先見性を誇る。「政友会の生産の統制は、我党の産業政策に刺戟せられたる結果、其の蒙《もう》を啓《ひら》けるものとして、寧ろ我党に感謝して然るべきである」。要するに、一九世紀の〈自由〉経済から二〇世紀の〈統制〉経済へ、この時代状況の転換は、政友会と同様に、民政党も認識していた。

政友会の政策との共通点はもう一つあった。川崎は経済危機の一因を政友会が「富豪階級に対する合理的増税を排して悉《ことごと》く之を公債に待つ結果」に求める。他方で政友会が産業五ヵ年計画の樹立と同時に「奢侈税」を設定しようとしていたことと比較すれば、二大政党に大きな政策の距離はなかったことがわかる。税制改革によって国家が富を再分配する。政友会も民政党も社会的な格差の是正をめざしていた点では同じだった。

「挙国一致」内閣の支持

民政党は「挙国一致」をファッショとして排撃していたはずである。ところが犬養内閣のつぎに成立した斎藤の「挙国一致」内閣には賛成する。

たとえば民政党の機関誌の『政治経済時評』は斎藤の登場を手放しで歓迎している。「斎藤子爵が七十五歳の老軀《ろうく》を挺《てい》して、此難局に膺《あた》るは、その心事を思うて、感佩《かんぱい》に堪えない」。あるいは衆議院議員池田《いけだ》秀雄《ひでお》は斎藤内閣を高く評価して述べる。「口善悪なき局外者は色々難癖をつけるが今日の国状にては是以上の挙国一致内閣を作り上げる事は不可能であろう」。

一九三二（昭和七）年二月の総選挙で大敗したにもかかわらず、民政党は斎藤内閣にふたりの閣僚を送り込む。選挙に大勝した政友会からの三人と比較して、悪くない閣僚ポストの数だった。民政党は斎藤内閣に対して与党的な立場で臨む。

自由主義的なジャーナリストの馬場恒吾《ひょうご》も「挙国一致」内閣をファッショと批判しない。「日本に於いてのファッショは政党打破を標榜する。斎藤内閣は、政友会、民政党の支持を受けて成立する。だからそれは政党を打破しない。従って議会政治をも打破しない。これで議会政治は当分助かった」。

他方で馬場は議会政治擁護の立場から斎藤内閣を危惧する。斎藤内閣に対する反対党が存在しないからである。馬場は「反対党なきがために、議会政治の真似事《まねごと》すら出来なくなる」と言う。別の言い方をすれば、斎藤内閣は「寄合世帯」である。この政権内で二大政党が争う。そのおそれがあった。

第六二回臨時議会（一九三二年六月一〜一四日）は斎藤内閣に対する反対党の不在が功を奏して、平穏のうちに終わる。民政党は自画自賛した。「議員各位が、相戒め、相謹み以て議会品位の維持に努めたる為め、かかる好結果を挙げ得たのである」。民政党の自己評価には一理あった。この議会では二大政党が真剣に農村問題の解決に取り組んだからである。

民政党が斎藤内閣の議会運営に協力したのには理由があった。民政党は反省していた。たとえば衆議院議員中島弥団次《なかじまやだんじ》は言う。「政党は信用を失って居る」。選挙干渉、金権政治、党利党略、民政党が反省すべきは多々あった。反省の意を具体的に示すために、民政党は斎藤内閣に協力した。

ところが中島は政党不信の責任を政友会に転嫁する。「政党の信用は誰が墜《おと》したかと云ったならば、政友会が墜したと言うて憚《はばか》らぬ」。中島にとって斎藤内閣後の政党内閣の復活は民政党の単独内閣でなくてはならなかった。ここに斎藤内閣の下で、政党内閣復活の主導権をめぐる二大政党の争いが顕在化する。

4　対外路線の転換

政友会の対外路線の転換

政友会は犬養内閣とその後との間で対外路線を転換している。犬養は満州事変を収拾する独自の構想を持っていた。犬養の構想の要点は満州に対する中国の主権を認めることにある。そのうえで日中合作による満州新政権を作る。満州新政権の領域と中国本土との境界線沿いに二〇キロの中立地帯を設ける。日本は満州の経済開発を進める。犬養は非公式ルートをとおして、以上の解決策の可能性を探っていた。

非公式ルートとは中国国民政府の孫科《そんか》行政院院長（孫文の子息）と犬養の腹心で「支那通」の萱野《かやの》長知《ながとも》の個人的なルートを指す。犬養は牧野内大臣に語っている（一九三二［昭和七］年一月四日）。「先方より全権委員を任命して満州問題の交渉を開始したしとて申込あり、折角《せっかく》之に応ずる調査中なり、会合の場所は大連辺が適当ならんかと考え居れり」。牧野は犬養の話を「相当根拠ある事」として聞いた。

形式にすぎないにしても、満州新政権に対する中国の主権を認める。この解決策は、日中関係をぎりぎりのところで踏みとどまらせる、もっとも現実的なものだった。犬養は外相に芳沢謙吉《よしざわけんきち》（犬養の女婿）を起用していた。犬養がつなぐ非公式ルートと公式ルートの連携プレーによって、構想の実現の可能性は低くなかった。

犬養は一九三二年二月二〇日の総選挙に先立つ議会解散に際して、「外に於ては満州事変の解決／内に於ては経済界の収拾」と演説した。犬養はこの演説で含みのある発言をしている。犬養の演説の要点は三つあった。第一は中国に対する「領土的野心」がないこと。第二は「既存の条約の尊重」。第三は「満州に於ける門戸開放」である。これら三条件を満たす解決策があるとすれば、それは満州に対する中国の主権を認めることを前提とする解決策だった。

ところが犬養内閣の崩壊によって、この解決策が不発に終わると、政友会の対外路線は大きく転換する。政友会の転換を象徴する政治家のひとりが松岡である。柳条湖事件の勃発に出くわして悲嘆にくれた松岡は、一九三二年六月三日の議会では満州国の早期承認論者になっている。松岡は斎藤首相に承認を迫る。「直ちに御承認に相成らぬか。私共は余りに承認の遅きを実は憾《うら》み、且つ憤慨して居るのであります」。

政友会が単独内閣をめざしていたのに対して、かつての協力内閣論者の松岡はここでも「挙国一致」内閣を支持する。「若し外のことで挙国一致内閣を要しないと致しましても、私は是れ一つでも真に挙国一致、之に当らなければならぬと思う」。

潮目は変わった。一九三三年六月一四日、衆議院は全会一致で満州国承認を決議する。満州国早期承認論は加速するはずだった。八月二五日の議会では、内田康哉《やすや》外相が「国を焦土としても」満州国を承認するとの決意を披露している。ところが政友会の森恪議員は承服しなかった。森は内田に迫る。「国を焦土としてもやらなければならないと云うような、重要性を有《も》って居ると云うならば、何故〔中略〕国民をして十分諒解《りょうかい》せしめて、然る後此問題に直面するだけの態度を執らないのであるか」。

裏返して言えば、満州国承認に対する国民世論のためらいがあった。そのことをよく知る森だからこそ、満州国承認の真の目的を明らかにしようとする。「実際上の承認の相手方は満州国ではありませぬ。目標と致して居りまする所のものは、内は日本国民であり、外は支那及《および》列国であるのであります」。国民に覚悟を促す。これが森にとって満州国を承認する目的の一つだった。

内田の「焦土」外交演説にもかかわらず、森は不納得だった。満州国承認の準備状況を質《ただ》したのに対して、要領を得ない答えしか返ってこなかったからである。それもそのはずだった。同じ頃、内田の下には欧州在勤の外交官から矢継ぎ早の建策が届いていたからである。満州国の単独承認は日本の対外関係に深刻な打撃を及ぼす。彼らは異口同音に警告した。たとえば駐仏大使長岡春一《ながおかはるかず》は言う。国内世論の趨勢はわかっている。「承認遷延」が困難な事情も推察する。しかし単独承認は日本に対する国際的な「批難攻撃」を招くだろう。

外交官たちの常識は満州国の単独承認の回避を求めた。それにもかかわらず、政友会の強硬論に引きずられるように、斎藤内閣は九月一五日に満州国を承認する。

満州国の単独承認だけでも十分に国際的な挑発になった。そこへ国際連盟調査団の報告書の公表とジュネーヴでの議論が始まる。政友会の路線転換は日本外交を窮地に追い込んでいく。

野党＝民政党の対外路線

満州事変の不拡大に失敗して若槻内閣が退陣したあと、野党になった民政党の協調外交路線は色あせていく。満州国の建国に至るまで民政党は傍観していたにすぎなかった。

民政党は満州国の建国にどう反応したか。民政党衆議院議員神田《かんだ》正雄《まさお》の手放しの称賛の言葉を読めば、満州事変の不拡大に努めた政党の末路がどのようなものだったかを想像するに余りある。神田は言う。「筆者が特に慶賀に堪えないことは、新満州国の建設によって、東亜の平和が確保せられたことである」。

それでも民政党は、政友会と比較すれば、国際協調外交の政党だった。神田の考えはこうである。「日本は国際協調を重んじ、単独で所謂善い児になろうと云う考えはないから、満州国を承認するか否か、若し承認するにしても、如何なる経路をとるべきかに就いて、一考せぬようなことは断じてない筈《はず》である」。満州国の単独承認が引き起こす国際的な反響を考慮する神田は、慎重な姿勢をとろうとしていた。

満州国承認の国会決議には民政党も賛成している。それでも民政党の基本的な立場は単独承認の回避だった。

民政党は欧米列国の満州国承認の必要を強調する。「独《ひ》とり我国が之を承認するとも他の諸国に於て之を承認するのでなければ、我国と満州国との間に於てのみ国際関係が生ずるので在って、他の諸国とは没交渉なのである。即ち列国も共に満州国を承認するに至らなければならぬのである」。欧米列国が満州国を承認することはあり得なかった。そうだとすれば、この一文は日本も満州国を承認しないと言っているに等しかった。

民政党が消極的な対応だったのは、満州国の現実を知っていたからだろう。たとえば党機関誌掲載の満州旅行記は、満州国を美化することなく、読者に伝えている。泥棒市場と阿片《あへん》窟《くつ》、ハルビンのネオンの街はジャズ音楽で夜が更ける。それでも「未《いま》だ戦時気分が非常に濃厚」だった。ここには「五族協和」の理想国家＝満州国の姿はなかった。

しかし見方によっては評価も変わる。民政党の衆議院議員坂東幸太郎《ばんどうこうたろう》は、一九三二（昭和七）年七月四日に栗原彦三郎《くりはらひこさぶろう》衆議院議員とともに、満州国執政溥儀《ふぎ》（清朝最後の皇帝）に「護国の太刀《たち》」を献上するために、渡満した。

ふたりは「日満親善」を語る溥儀の堂々とした態度に敬服した。坂東は「従来抱持して居た満州国に対する認識不足を恥ずかしく思った」。坂東は対満政策をあらためる。全一三項目中の第一は「速《すみや》に（尠《すくな》くとも一、二ヶ月以内）満州国独立の事実を承認すべし」だった。

こうして民政党が単独承認の回避への意思を失っていくなかで、日本は一九三二年九月一五日に満州国を単独で承認する。民政党は単独承認を正当化するほかなかった。外交官出身の衆議院議員松本忠雄《まつもとただお》は断言する。「如何なる攻撃の声を放っても断じて之を恐るる必要はない」。なかでも松本が強く反発したのは、満州国の存在を認めないアメリカの態度だった。松本はアメリカ建国の歴史にさかのぼる。アメリカはフランスの援助を得て独立したではないか。同様に満州国も日本の援助を得て独立した。なぜアメリカは日本を非難するのか。松本は日満の特別な関係を強調する。それはアメリカとパナマの関係と同じだ。アメリカはパナマ運河欲しさにパナマを独立させた。この事実を消せない以上、「日本の満州国承認を非難し、攻撃するの資格はない」。

松本は欧米諸国の誤解を解くことに努める一方で、中国に反省を求める。中国が満州国を承認し、排日・排日貨運動を止めれば、日本は手を握る。しかしこの松本の考えでは日中関係の修復は困難だった。

日本の満州国単独承認後、国際連盟調査団は日中両国に報告書を提示する。この報告書(リットン報告書)は柳条湖事件以降の日本の行動の正当性を認めていない。他方で日本が満州に特別な権益を持つことについては理解を示していた。

それにもかかわらず、若槻総裁は一〇月二六日にリットン報告書を「独断もまた甚しい」と非難する。若槻は国際協調路線を放棄したかのようだった。「国際連盟に於ける我が立場は今日から非常に困難を予想されているが、進むべき途は既に決している。なんら連盟の意見を顧慮する要はない」。民政党の国際協調路線はここに終わったのか。

政友会の対応

リットン報告書に対する政友会の対応は早かった。報告書の公表(一九三二〔昭和七〕年一〇月一日）すぐに鈴木喜三郎総裁が論評している。鈴木はリットン報告書を対日非難の書とは考えなかった。「リットン卿《きょう》その他の委員達が其調査上如何に苦心したかを察するに余りある」。そう言う鈴木は、問題がジュネーヴに持ち込まれても、妥協的な解決の可能性を捨てない。鈴木は国際連盟に「今少し日本に信を置き日本の判断と努力とに信頼するの態度」を求めている。

政友会は国際連盟側の考えを推測する。「何とかして連盟の威信も毀《そこな》わず、日本及び支那の面目をも維持する解決はないものかと苦心しているのが連盟主脳部の肚裡《とり》であろう」。国際連盟は引き延ばし策に出る。具体的には非加盟国の米ソをオブザーバーとして招請し、特別委員会に小国も入れて「機嫌も取結び」、臨時総会終了後、三年でも五年でもかけて日中和解に尽力する。政友会はこのようなシナリオを思い描いていた。

国際連盟臨時総会は一二月六日から開催される。日本全権のひとりは政友会の松岡洋右だった。松岡を全権に選んだのは内田外相である。内田の意図はどこにあったのか。内田は松岡の使命について牧野内大臣に語っている。「帝国の立場を懇切に説明し、リ報告の相違を適切に弁明し、飽迄《あくまで》慎重の態度を取り、脱退の如きは万止を得ざる場合の外考慮せざる方針にて連盟に臨ましむる積り」。

すでに松岡は牧野を訪れていた。牧野が受けた印象は、「寿府〔ジュネーブ〕の方は寧ろ楽観の意向にして、旁々《かたがた》日本内地の態度に自重を希望の如し」。なぜ松岡は楽観できたのか。

松岡は一〇月の時局問題講演会で明確に述べている。「満蒙問題と云うものは既に満州国が出来て之を承認したのである。それで終りである。争うべき何物も残って居らぬ」。

民政党の対応

ジュネーヴでの日本外交に対する民政党の考え方は受け身だった。斎藤「挙国一致」内閣の外相内田は、民政党からではなく政友会の松岡を全権に選んだ。民政党は内田—松岡ラインから外された。

それでも民政党は斎藤内閣の対国際連盟外交を支持する。その理由は二つあった。一つは民政党が斎藤内閣に対して与党的な立場に立っていたからである。もう一つは民政党の対応が内田—松岡ラインと大差なかったからである。内田—松岡ラインはジュネーヴで日本の主張を貫きながら、脱退を回避しようとしていた。満州国の単独承認を経て、それでも国際連盟脱退を回避する。民政党としてもこの基本路線に異論はなかった。

そうだからこそ若槻総裁は、一九三三（昭和八）年の年頭に当たり、最重要課題の第一に満州問題を挙げながら、日本の態度はすでに「国論の決するところ」であると言い切った。あとは「寿府に於ける我代表に対しては力強き後援を与え」ればよいことになる。

民政党は脱退回避によって協調外交をぎりぎりのところで支えようとする。満州国の単独承認を正当化した民政党の松本であっても、一月二三日の議会では協調外交の立場から内田を問い詰めていた。「一度強硬論が一世を風靡《ふうび》するに至っては、昔日の主張を忘れて、自ら其急先鋒《きゅうせんぽう》となって徒に強硬を衒《てら》うような嫌《きらい》がありはしないか」。

脱退回避のシナリオ

協調外交を支えたのは、政党のちがいを超えて、外交官出身の政党政治家だった。松本の議会質問と同日、政友会の芦田均《あしだひとし》（一八八七―一九五九年）も議会で内田の責任を追及している。「我国が国際連盟を脱退する時は、内田外務大臣の昨年来の楽観論が崩れる時であります、其責任を執ることはよもや御忘れにはありますまい」。芦田の議会質問に対して、自党の政友会側から野次が起こる。民政党や無産政党が拍手した。芦田は決意する。「ヘンな事だった。自分の行くべき途が今日こそはっきりした。党の事よりも吾日本の行末の方が大事だ」。

芦田は脱退回避のシナリオを描く。ジュネーヴで起こり得る最悪の事態は何か。国際連盟が日本の主張を無視してリットン報告書の結論を採用する。これが最悪の事態である。日本が承認できない決議が勧告として突きつけられるとすれば、どうすべきか。勧告を承諾しなければよい。なぜならば承諾しないからといって、国際連盟規約違反にはならないからだった。

芦田の対応策は簡潔である。「我国は敢然として其の勧告に応じないと云うだけの態度を維持すれば足りる」。規約違反でない以上、制裁のおそれもない。日本の勧告不承認によって、「連盟に於ける満州問題は一段落を告げるものと想像されるのであって、従って又我国が連盟を脱退するが如き問題も生じない」。これは国際連盟規約の解釈に通じた外交官出身の政治家にふさわしい脱退回避のシナリオの描き方だった。

ところがその後、芦田の下に刻一刻と悪い情報が届く。最初は一九三三（昭和八）年一月二三日の議会質問のその後である。外国通信社のロイターが芦田の演説をセンセーショナルに伝えて、釈明を準備しなくてはならなくなった。芦田宛に「激励の電報も来れば脅迫の手紙も来る」ようになる。

ついで二月に入ると、情勢は緊迫する。芦田は二月一三日の日記に記す。「いよいよ日本も脱退の機運になったらしい」。芦田は二月一七日には「全く暗い気持ち」になり、二〇日になると「午前の閣議で連盟脱退を決定したそうだ。いよいよ来るべき事が来た」と覚悟する。なぜ芦田の描いた脱退回避のシナリオは狂ったのか。

情勢の急転

一九三三（昭和八）年二月二〇日の閣議での連盟脱退決定は衝撃を与える。同日の衆議院予算総会で政友会の島田俊雄《しまだとしお》は首相に質す。対日非難勧告案が総会で採決された時、「執るべき処置に付ては既に決定になって居るかどうか」。政府は衆議院の秘密会で詳細を報告することになった。

二月二一日の秘密会で斎藤首相は脱退の意思を表明する。「此上連盟と協力する余地なきものと認めざるを得ないのであります」。その後、今度は内田外相が脱退の意思を固めるに至った経緯を延々と説明する。

しびれを切らした民政党の小山谷蔵《こやまたにぞう》が質問に立つ。「外務大臣の詳細を極めた御報告は、吾々と雖《いえど》も大体新聞紙を通じて、承知致して居った範囲を出《い》でなかったことを甚だ遺憾に存ずる者であります」。

言葉を継いで質問した小山のつぎの一言に一時、騒然となる。「最後の断末魔と申しまするか、二月の末頃に至りまして……」。発言する者多数、「断末魔とは何んだ、取消せ」「断末魔とは何んだ、慎め」。小山は発言を取り消してあらためて質問する。「私の政府に御尋《おたずね》を致したい重点は、連盟の経緯が終りの頃に至って急転直下的の変化を致したと云うことであります〔中略〕何故に斯《かか》る変化を来したのであるか」。内田は答えなかった。「此上の御答弁は差控えます」。秘密会でも答えられないような何があったのか。

国際連盟脱退

政党は秘密会でも知ることができなかった。真相が明らかになるのは事が起きてからだった。芦田は一九三三（昭和八）年二月一七日の段階で「結局、陸軍に引摺られるのであろう」と予想した。しかし同じ頃、陸軍中央は脱退するか否かは「勧告の内容を研究したる上自主的に決定」すると慎重な姿勢を示している。

政党が真相を知るのは、二月二四日のことである。この日、ジュネーヴでは松岡全権が総会議場から「堂々と」退場した。同時に日本軍による熱河《ねっか》作戦の開始が報じられていた。

国際連盟脱退と熱河作戦は密接不可分な関係にあった。熱河作戦とは現地軍による熱河省・河北《かほく》省への侵攻作戦を指す。この作戦の目的は満州国の領土の確定だった。陸軍中央は作戦の範囲を万里の長城以北に限定し、欧米諸国との関係悪化を最小限に抑えて、脱退を回避する意図だった。

ところが国際連盟の勧告後に熱河を攻略してしまうと、勧告に不服なために日本が中国を武力攻撃したことになる。これは国際連盟規約第一六条違反である。第一六条は言う。「第一二条、第一三条又は第一五条に依る約束〔報告書の公表と勧告〕を無視して戦争に訴えたる連盟国は、当然他の総《すべ》ての連盟国に対し戦争行為を為《な》したるものと看做《みな》す。他の総ての連盟国は、之に対し直に一切の通商上又は金融上の関係を断絶し〔以下略〕」。ここに至って外務省は、陸軍中央の脱退尚早論を押し切って、脱退を主導する。熱河作戦による制裁の危機を連盟脱退によって未然に防ぐためだった。

政党の側はアクロバットのような国際連盟脱退外交の展開をどこまで理解できたのか。「凱旋《がいせん》帰国」した五月一日のラジオ演説でも、松岡は脱退回避に失敗したことを謝るばかりで、原因については「私の立場からは申上げかねる」と言葉を濁している。結局のところ政党は、国際連盟脱退へと急転換する状況を傍観するほかなかった。

VI 新しい政党政治システムの模索

1 危機の沈静化と二大政党

政友会の外交政策

満州事変の拡大は満州国の単独承認に至る。自主外交の展開は国際連盟脱退を招く。政友会はこの過程を促進する役割を果たした。既成事実を追認する政友会の外交は軍部に追従するにすぎなくなったのか。

そうとは限らなかった。再度の転機が訪れる。一九三三（昭和八）年五月末、日中間に塘《タン》沽《クー》停戦協定が成立する。満州事変の拡大は万里の長城の線で止まる。塘沽停戦協定は日中関係に小康状態をもたらす。対外危機は沈静化に向かう。

対外危機が沈静化に向かうなかで、政友会の外交路線は田中（義一《ぎいち》）外交路線への復帰をめざす。別の言い方をすれば、政友会は満州国の存在を前提としながら、対欧米協調＝日中

「提携」を模索する。党機関誌が掲げる滝正雄《たきまさお》外務政務次官の論考は、このような政友会の基本路線を表わしている。

滝は「満州国の健全なる発達に寄与」することを強調する。他方で「亜細亜主義」や「極東モンロー主義」に対して抑制的である。なぜならば「亜細亜の平和を主とすると同時に国際間の協調を尊重することは勿論《もちろん》の事」だからである。そのうえで滝は日中関係の修復を主張する。「日支両国は嫌〔否〕でも応でも共存共栄の道を歩むより外に仕方がない」。

対中外交は「経済提携」による漸進的な関係修復を試みるようになる。

政友会の外交政策にとって、もう一つの転機が訪れる。一九三三年六月に恐慌克服を協議するためのロンドン世界経済会議の開催が予定されていた。アメリカは主要国とワシントンで予備交渉をおこなおうとする。主要国のなかには日本も入っていた。日本は予備交渉とロンドン世界経済会議への参加を表明する。

政友会は予備交渉と本会議を対米関係の修復のチャンスとして期待する。たとえば『政友特報』（六月一〇日号）は、内田康哉《やすや》外相が「日米平和維持条約」案を提案するとして、その骨子とされるものを示している。

政友会の長島隆二《ながしまりゅうじ》議員は「世界経済改善のためにこの会議が必要」であり、「日本は出来るだけ外交上列国と協調の途《みち》に努めなければならぬ」と強調する。恐慌を克服するためには、対欧米協調だけでなく、対中関係の修復も必要だった。長島は言う。「満州を開発して日本の経済界を建直すためには、日支関係を改善することが非常に大切である」。政友会は対欧米（とくに対米）協調＝日中「経済提携」路線へ回帰していく。

政友会のファシズム批判＝二大政党制の擁護

対外危機の沈静化は国内政治に影響を及ぼす。政友会の二大政党制＝「憲政の常道」論が息を吹き返す。政友会顧問加《か》藤《とう》久《く》米《め》四《し》郎《ろう》は議会政治に対する世界的な「ファッショ」政治の挑戦を「一時的のもの」と退ける。なかでもヒトラーのドイツは最大の非難の対象だった。ヒトラーは「ナチスの政敵を虐殺し、ドイツ文化の源泉たる学者を殺し、幾多の文献を焼却」したからである。

対する日本は、加藤にとって帝国憲法を戴《いただ》く「デモクラシー」国家だった。加藤は二大政党制を擁護する。「憲政常道論は選挙に依《よ》って国民に多数の支持を得た多数党が、陛下の御親任を拝すると云《い》う所に其《その》根底があるのである。政治上の不満は其政治の遂行上に無理があり欠点があったからであって、直に政党内閣の無価値と断ずる訳には行かない」。

加藤の議論で注目すべきは、対外危機の沈静化にともなう「非常時解消論」を戒めつつ、「非常時」に対する政党の連携の可能性に言及している点である。加藤は言う。「一定の国策を限られたる範囲と限界とに於《おい》て政党連立の必要も或《あるい》は一時的方便として強《あなが》ち排斥すべきではない」。加藤は「憲政常道」＝二大政党制に復帰する前に、民政党との提携があり得ることを示唆した。

翌一九三四（昭和九）年になると、二大政党の提携論が顕在化する。政友会顧問の床次竹二郎《とこなみたけじろう》は、議会質問で「大同団結」を訴える。「政党は大同団結してどこ迄《まで》も挙国一致国難に当るが必要である」。床次は「現内閣は熱意と気魄《きはく》を欠く」、「是《これ》が政治の不安、人心の動揺の原因となる」と斎藤実《まこと》内閣を批判しながら、つぎは政民の連立内閣だと言わんばかりの政党内閣擁護論を展開する。政友会はこのように第六五回通常議会で斎藤内閣批判へと転じつつ、他方で民政党との提携を強める。

二大政党の提携は、両党の幹事長レベルでの交渉が進んで、五月一一日に政民政策協定の成立をもたらす。政策協定の申し合わせ事項は格調高く宣言する。「今回の政策協定は国家本位の立場より虚心坦懐《きょしんたんかい》小異を棄《す》てて大同につき、互いに研磨し相融和して政党の使命たる政策主義を発揮する趣旨であって、多年の情弊を解消し国民が政党に繋《つな》げる希望を充し得ることを信ずる」。ここに二大政党の提携が実を結ぶ。

民政党の協調外交の修復

政友会の田中外交への回帰と同様に、民政党も国際協調外交の修復を試みる。民政党にとって国際連盟脱退は、日本の国際的な孤立を意味しない。「我国の連盟脱退に就《つ》いて亜細亜への復帰を唱え、大亜細亜主義若《も》しくは東洋モンロー主義を之《これ》に関連せしめ以《もっ》て光栄ある孤立との説を為《な》す者がある。然《しか》しながら、我国の連盟脱退は決して国際協調主義を放棄して世界的孤立主義を採らんとするものではない」。

このように主張する党機関誌の論考は、「連盟の平和主義に対しては毫《ごう》も反対せんとするものではない」として、脱退後も「国際連盟の平和事業に対して外部的努力を為すに決して吝《やぶさ》かなるものではない」と付言する。

実際のところ日本は、国際連盟脱退通告後、非加盟国も参加できる国際会議には席を置き続ける。それらの国際連盟の「平和事業」のなかには、軍縮会議やロンドン世界経済会議が含まれていた。

ロンドン世界経済会議の参加について民政党は政友会よりも積極的な姿勢であることを訴求する。党機関誌は「世界経済会議は我党の首唱」とまで言っている。これは言い過ぎとしても、若槻礼次《れいじ》郎《ろう》総裁が会議の成功を願ったのはまちがいない。若槻は四月二五日の党幹部会の席上、ロンドン世界経済会議の意義を強調している。「自分だけ利益をし、相手方には何物をも与えないというが如《ごと》き態度に出《い》づることなく、充分に協調的でなければならぬ。要するに、世界の経済界は共存共栄である」。

民政党の国際協調外交にとって、より重要なのは対中関係の修復だった。民政党情報部長松本忠雄《ただお》は「日支現状打破の急務」を訴える。「日支間に利害の反撥《はんぱつ》し衝突するものあると共に、其全然共通であるものも多い。依って其反撥し衝突するものについては、其調和の途を講じ、幸《さいわい》に共通するものに対しては益々《ますます》之れを助長するの方策を講ずるべきである」。松本は満州国をめぐる日中関係の調整と経済提携による外交関係の修復を示唆した。

民政党の対米協調の模索も容易に推測できる。事実、民政党総務川崎卓吉《かわさきたくきち》は、中国をめぐる日米関係が太平洋での戦争につながるおそれを否定する。「対米硬化の我国民の感情を鎮静し〔中略〕友誼《ゆうぎ》の増進を図り、以て太平洋上百年の大計を樹立せん」。

要するに川崎は、国際連盟脱退をきっかけとして、「外交の常道に帰れ」と国際協調外交の修復を唱えた。

挙国一致内閣の擁護

二大政党は外交路線をめぐって相互に接近する。両党の外交路線のちがいは小さい。しかし外交路線以外ではちがうところもあった。何よりも民政党の政党内閣復活の方向は政友会とは異なっていた。衆議院の多数派の政友会が単独内閣を志向したのに対して、民政党は挙国一致内閣を支持していた。

民政党は「非常時」を強調する。「非常時」には二大政党が交互に政権を執っている暇はない。中村三之丞《なかむらさんのじょう》衆議院議員は「平和的独裁」が必要だと言う。立憲政治の非常時運用をおこなわなくてはならない。対立する政党の意見と政策を一致させる。議論をしている余裕はない。反対論の側からすれば独裁に見えても、協力して政策の実現を図るべきだ。中村は

「非常時」下の政友会と民政党の提携を「平和的独裁政治」と呼んで、正当化した。

このような立場の民政党だからこそ、斎藤「挙国一致」内閣を支持し続けた。「斎藤内閣はファッショ内閣に非《あら》ず、憲政を尊重し、顧念し、機を見て之を常道に復せんとする誠意ある点に於て、他のファッシズムかぶれの内閣に優《まさ》る事万々なるを認取せざるを得ない」。

もとより民政党にとって斎藤内閣は「非常時」下の「過渡期性内閣」にすぎない。主導権は政党が奪い返さなくてはならない。単独内閣をめざしていたはずの政友会から五月に政策協定の誘いが来たのは、その時だった。少数政党の民政党が乗らないわけはない。若槻総裁は政策協定を歓迎する。「相互の附合《つきあい》から其の共通点——一致点を発見して、各党派が一致して実行することになれば、是れ位強力なるものはないので、今回の政策協定は国家の情勢に最も適合するものと信ずる」。

民政党の自画自賛のなかにも政党内閣復活の方向が見え始める。「近来政民両党員が互《たがい》に相接近し、共に一堂に置酒高会《ちしゅこうかい》して款談するのみならず、進んでは政策を協定せんとするに迄至った事は、明《あきらか》に愉快なる両党の自覚であり、進歩である」。五月一一日に結んだ政策協定を突破口として、二大政党が提携を強める。二大政党の提携は政党政治に対する国民の信頼回復をもたらす。そうなれば今度は選挙によって多数派となった政党が単独内閣を組織する。以上の過程を経て政党内閣は復活するはずだった。

岡田内閣の成立と民政党の対応

一九三四（昭和九）年七月三日、斎藤内閣が思いがけず疑獄事件の責任をとって総辞職する。疑獄事件とは帝人《ていじん》（帝国人造絹糸）の株式をめぐる贈収賄事件のことである。つぎは政党内閣の復活か。そうではなかった。後継内閣を組織したのは、政友会でも民政党でもなく、岡田啓介《おかだけいすけ》海軍大将（一八六八―一九五二年、ロンドン海軍軍縮条約に賛成した「穏健派」）だった。岡田内閣は斎藤内閣の継続である。首相の経歴が類似する岡田内閣は「挙国一致」内閣として、二大政党に協力を求める。

若槻は協力する。「理想的には政党内閣の出来るのが当然と思うけれども、今日政党内閣が何等《なんら》かの事情で出来ないというならば、憲政を擁護し、政党の存在を尊重する岡田大将の組織せらるる内閣を援《たす》けた方がよかろう」。政民提携による政党内閣の復活がすぐに実現しない以上、次善の策として、少数政党の民政党が岡田内閣の与党的な立場に立つのは悪くなかった。民政党は町田忠治《ちゅうじ》（商工相）と松田源治《げんじ》（文相）を送り込む。

他方で民政党は政友会との提携を模索し続ける。ムッソリーニのイタリアやヒトラーのドイツのような「専制政治」の世界的な風潮は、日本の二大政党にとって共通の敵だった。二大政党の提携によって、政党に対する国民の信頼を回復する。国民の支持が得られれば、軍部だろうと何のその、民政党は自信満々だった。「それが超然内閣であると、軍閥であると、何であろうとを問わぬ。大民衆我に在り、其背後の強援を力に、凡《すべ》てを一蹴すべきである」。

民政党は軍部批判を強める。その急先鋒《きゅうせんぽう》に立ったのが斎藤隆夫《たかお》だった。この年の一〇月、陸軍パンフレット問題が起きる。「国防国家」建設を唱える陸軍省新聞班のパンフレット「国防の本義と其強化の提唱」（一〇月一日付発行）は軍部の政治介入ではないか。党機関誌掲載の斎藤の批判は容赦なかった。「国防強化の為《ため》には国民は有《あら》ゆる犠牲を忍べよと云うが如き言辞を弄し、之れを以て国民の共鳴を得たいと思うが如きは大なる錯覚である」。

斎藤の軍部批判は政党内閣の復活をめざす民政党にふさわしい。ところが同じ号の党機関誌の別の論考は、「政民提携の必要」の表題にもかかわらず、軍部に対する基本姿勢は異なっている。「近頃世間で軍部が政治に進出する。従って政党はこの際互いに提携して軍部に当らねばならぬ、という意見もあるようであるが、自分はその意見は採らない」。著者は民政党の有力な衆議院議員俵孫一《たわらまごいち》である。なぜ「今さら軍人が政治に干与する如き事がある等とは決して信ぜられない」と言い切ることができたのか。

「新官僚独裁政治」

民政党内の軍部に対する異なる反応の意味は、政友会をとおしてわかる。その前に岡田内閣に対する政友会の対応を見ておく。

政友会にも協力を求めた岡田は、三つの閣僚ポストを用意した。政友会三対民政党二は衆議院の議席数を反映した妥当な閣僚のポスト配分だった。床次竹二郎（逓信相）、山崎達之《やまざきたつの》輔《すけ》（農相）、内田《うちだ》信也《のぶや》（鉄道相）の三人が入閣する。ところが政友会は三人を除名処分にして、岡田内閣に対する野党的な立場を明確にしていく。同じ「挙国一致」内閣の斎藤内閣に協力しながら、なぜ岡田内閣に対しては批判へと転じたのか。

岡田内閣は一九三四（昭和九）年七月九日に政策綱領（「十大政綱」）を発表する。政友会総務加藤久米四郎は逐条批判を加える。なかでも第二項の「国民精神の作興」に対する批判は、政党の面目躍如といったところだ。「国民精神は官憲の力やサーベルでは醇化《じゅんか》することは出来ぬ。〔中略〕官僚の頭で民心作興など出来ると思うところに滑稽味が伏在している」。加藤の逐条批判に通底するのは、官僚政治批判だった。

岡田内閣を「岡田官僚内閣」と呼ぶ政友会は、官僚政治ではなく「国民政治」を唱える。岡田内閣に対する野党的な立場に立ったことを正当化しながら、竹下文隆《ふみたか》衆議院議員は自負する。「軍閥と官僚の不義密通的結托〔託〕をコッピドク捲《まく》し立て護憲の鋭鋒をまっこうから打ちおろせば民衆は憲政の確立更生に歓喜して拍手喝采、初めて国民政治に徹するのだ」。

船田中《なか》衆議院議員は「岡田官僚内閣」の「新官僚独裁政治」を論難する。「新官僚」とは何か。犬養の政友会内閣崩壊後、政党政治に対する不信から現状打破を求める官僚が政治に台頭する。「新官僚」とは彼らのことだった。岡田内閣は新官僚が操る独裁政治に対抗して、政党主導の政治を奪い返さなくてはならないはずだった。

新官僚による「独裁政治」を批判する船田は、岡田内閣に対する民政党の位置を正確に測定した。「官僚や軍部、それに既成政党の古物を配合して捏《でっ》ち上げられた岡田内閣―綱紀粛正をいう以外には何等指導精神のない―民意に超然たる官僚内閣の政治に依って、国家国民の繁栄を来そうとはどうしても考えられぬ」。

岡田内閣は官僚―軍部―民政党（「既成政党の古物」）が支えている。船田の観察は的確だった。民政党は斎藤隆夫のように「反軍」とは限らない。俵孫一のような「親軍」勢力もいる。民政党と連携して岡田内閣を支えていたのは陸軍「統制派」だった。「統制派」とは「皇道派」と対立する陸軍の派閥の一つである。どちらも第一次世界大戦後、総力戦体制の確立をめざしていた。「皇道派」がイデオロギーを重視して非合法手段に訴えることもためらわなかったのに対して、「統制派」は政財界と連携し合法的に総力戦体制の確立をおこなおうとしていた。

「統制派」との提携を重視すれば、俵のように軍部を擁護することになる。政友会が野党的な立場に立ったとは、このような官僚―軍部―民政党による「岡田官僚内閣」を批判する立場に転じたことを意味した。

それでも政友会は批判の優先順位を守る。第一官僚、第二軍部であって、第三の民政党とは提携を断ち切ろうとしなかった。鈴木総裁は一一月二六日の議員総会で政民連携の進捗状況を報告している。「政党が連携して国家の重きを任じ、国策を樹立して重大なる時局を打開し、進んで昭和の鴻業《こうぎょう》を翼賛することは目下の急務である」。政民連携による政党内閣復活の可能性が失われることはなかった。

2　政民提携論の帰結

二大政党内の二極化

政友会の官僚政治批判は、東京帝国大学の憲法学の宮沢俊義《みやざわとしよし》が間接的に支持する。宮沢は言う。「『官僚』の台頭は『政党』の没落の反面である」。しかし宮沢が官僚政治を擁護することはない。宮沢にとって官僚も政党も「党派的に行動する」政治的諸勢力である点ではよく似ている。ちがいは選出勢力か非選出勢力かである。宮沢は選挙を経た政党による政治の優位を主張する。

政党政治を支持する立場の宮沢は、「相次いで起る疑獄事件をもって政党政治の故に帰するのも正しい見解ではない」と述べる。なぜならば「ああいった腐敗は官僚政治の下でも無数に生じうるし、また現に生じた」からである。ちがいがあるとすれば、官僚政治の腐敗が隠蔽されやすいのに対して、政党政治の腐敗は暴露される機会が多いことだという。宮沢は官僚政治ではなく、政党政治の再興に希望を託した。

岡田内閣の官僚政治に対する批判は、政友会内で憲政常道論を強める。官僚政治に代わって政党主導の政治が復活する。それには衆議院の多数勢力＝政友会が単独内閣を作るべきだった。

政友会幹事長若宮貞夫《わかみやさだお》は一九三五（昭和一〇）年一月二一日の党大会で、官僚を非難しながら、憲政の常道復帰を唱える。「国民と遊離した存在である官僚には、国民の実情を認識することが出来ない」。

若宮による政党の優位の主張は、その正当化の論理とともに、引用に値する。「官僚は非常時を口実として頻《しき》りに挙国一致を唱えて居《お》るが、凡《およ》そ国難に際会しては、国民も国民の代表である政党も直《す》ぐに結束して立つことは歴史の示す所であって、是れが、我皇室御稜威《みいつ》のしからしむる所であり、我民族性の特徴であります。時代遅れの官僚の教《おしえ》を俟《ま》つ必要はありません」。「皇室中心主義」の政友会にふさわしい正当化の論理によって、若宮は政党の優位、すなわち政友会の単独内閣＝憲政常道論を展開する。

議会の外では政友会の院外団が騒ぎ出す。院外団は国民生活重視の立場から岡田内閣を非難する。「農山漁村、中小商工業者瀕死《ひんし》の痛苦を察せず、徒《いたず》らに財政の調整に囚《と》われて国民生活と地方自治体との壊滅に瀕せるを知らず、災禍累発、生民塗炭に苦しむも之が匡救《きょうきゅう》復興に完《まった》きを致すの誠意なし」。

党大会は決議する。「一、岡田官僚内閣を排撃す／一、憲政の本義を過れる元老重臣を排撃す」。少数与党の岡田内閣にもかかわらず、続いているのは元老の西園寺や内大臣の牧野伸顕《のぶあき》が支持しているからだ。官僚政治の岡田内閣を倒し、政友会が単独内閣を組織する。院外団は血気にはやる。

憲政常道論による単独内閣をめざす政友会に対抗して、民政党は岡田内閣に対する与党的な立場を強める。その具体的な表われが内閣審議会への参加だった。内閣審議会とは何か。岡田内閣が構想した政財界の要職者による重要国策の諮問機関を指す。一九三五年五月に同時に設置された内閣審議会と内閣調査局（国策調査機関）の目的は、この制度をとおして内閣が政治を主導することだった。

内閣審議会と内閣調査局に軍部の一部（陸軍「統制派」）や新官僚（国内の革新をめざす国家官僚）、無産政党が集まる。岡田はこれらの政治勢力の支持を得ながら、政界（貴族院と衆議院）や財界にも参加を求める。民政党は積極的に呼応する。岡田内閣の内閣審議会＝内閣調査局は、新官僚と軍部の一部による官僚政治と政党（民政党と社会大衆党）を結びつける。

岡田は政友会にも参加を呼びかける。しかし政友会は拒絶する。なぜならば内閣審議会＝内閣調査局は「官僚ファッショ」だからである。政友会の浜田国松《はまだくにまつ》は見抜いていた。「審議会の実質は寧《むし》ろ内閣調査局の掌中にあることは、百数十人の調査官と参与、専門委員等の必要あることに於て大体は推測することが出来る」。その百数十人の大方は官僚だろう。「結果として国策樹立の実権は官僚の掌中に帰する」。岡田官僚政治内閣を批判してきた政友会が参加できるはずはなかった。

政友会と民政党の単独志向は、両党を横断する政民提携論者を苦しい立場に追い込む。最初は政友会からだった。一九三四年一二月五日、衆議院予算委員会で政友会は民政党に対する事前通告なしに、「爆弾動議」を提出する。「爆弾動議」とは政府が自然災害の救済予算に用意していた金額と同額の追加救済予算を要求するものだった。政府が認めるはずはない。しかし予算委員会は政友会が多数派である。動議は可決される。岡田首相が責任をとって辞職すれば、つぎの政権は衆議院第一党の政友会に回ってくるかもしれなかった。別の言い方をすると、「爆弾動議」は政治的な「爆弾」であって、政友会の単独内閣論＝鈴木喜《き》三郎《さぶろう》総裁のグループが画策して政民提携論者に投げつけたものだった。

いざ投げてみると、政友会の総裁派は後悔した。岡田内閣が強気だったからである。岡田は辞職するどころか、解散・総選挙も辞さない構えだった。このままではつぎの選挙で三百余議席を失いかねなくなる。鈴木総裁のグループはたじろいだ。政友会内で単独内閣論と政民提携論が対立する。これには当の政友会議員たちも呆《あき》れた。芦田均《ひとし》は一二月一三日の日記に記す。「政友会はごたごたを初《〔始〕》めた。これも予定の筋書であるだろう。吾々《われわれ》ハ此種《このしゅ》の離合集散に巻込《まきこ》まれる必要はない」。「爆弾動議」で政民提携論は打撃を受けた。他方で政友会の単独内閣論が勝利を収めたのでもなかった。民政党の単独内閣は、衆議院の議席数を見ればすぐには実現しそうになかった。ここに政友会と民政党の単独内閣論と両党に横断する政民提携論の三つの路線は、相打ちとなった。

天皇機関説問題

三すくみ状態から最初に抜け出そうと試みたのは、政友会の鈴木総裁のグループ（憲政常道論の単独内閣志向）だった。岡田内閣の解散・総選挙を封じて、政友会内閣を復活させる。そのようなシナリオが可能だったのか。彼らはつぎのように考えた。岡田内閣が一方的に責任をとって辞任すればよい。そうなれば、つぎは憲政の常道によって衆議院の多数派の政友会に政権が転がり込む。

このシナリオの実現のために、政友会は天皇機関説問題を政治利用する。そうだからといって政友会は天皇機関説攻撃をあらかじめ準備していたのではない。衆議院で天皇機関説攻撃の先頭に立った政友会顧問山本悌二郎《やまもとていじろう》は図らずも言っている。「烽火《ほうか》は先《ま》ず貴族院に於て揚《あが》り、次《つい》で衆議院に及んだ」。実際のところ、直接のきっかけは山本の言うとおり、貴族院の菊池武夫《きくちたけお》議員の発言（一九三五［昭和一〇］年二月一八日）だった。菊池はこの日、美濃部達吉《たつきち》の憲法学説＝天皇機関説を国体に反するとして批判した。

天皇は国家の最高機関である。この天皇機関説は政党政治を正当化する、もっとも正統的な憲法解釈として広く確立していた。天皇機関説を攻撃することは政党である政友会にとって自殺行為に等しい。それにもかかわらず、すでに政友会は類似の政治戦術をとったことがある。それはロンドン海軍軍縮条約問題をめぐる統帥権干犯攻撃だった。一九二八年の不戦条約の「人民ノ名ニ於テ」問題のように、民政党が類似の政治戦術によって政友会を追いつめたこともある。天皇の威信の政治利用は、二大政党制のなかで政党の常套《じょうとう》手段となっていた。

政友会は天皇機関説を攻撃して、三月八日に「国体明徴《めいちょう》決議」案を緊急上程する。政友会は岡田内閣に日本の国体、つまり天皇中心の国家形態をはっきり証明するように要求していく。

対する美濃部は、政治的な腐敗がひどい政友会を嫌って、憲政常道論を否定していた。代わりに構想していたのが職能代表による「円卓巨頭会議」だった。この「円卓巨頭会議」構想がさきに述べた岡田内閣の内閣審議会・内閣調査局として実現したことは明らかだろう。「円卓巨頭会議」を構想する美濃部の憲法学説に対する政友会の攻撃は、岡田官僚政治内閣批判を意味した。

手を切る民政党

岡田内閣の与党的な立場だった民政党にとって、天皇機関説問題で岡田内閣に難癖をつける政友会に用はなかった。政友会と手を組むことはできなくなった。民政党は一九三五（昭和一〇）年五月二二日に川崎幹事長が政民提携の解消を通告する。ここに政友会と同様に、民政党も単独志向を強める。民政党内の政民提携論をも切り捨てる民政党の単独志向は、非政党勢力との提携によって権力を補うために、陸軍の一部（「統制派」）への接近が顕著になる。当時の法相小原直《おはらなおし》は回顧録に記す。「永田《ながた》〔鉄山《てつざん》〕軍務局長〔〈「統制派」〉〕ら陸軍省内の本流は、この運動〔天皇機関説攻撃〕が岡田内閣攻撃の具に供せられるのを看取し、自重的態度をとった」。民政党はこのような岡田内閣を支えることで単独志向を強めていく。

政治戦術上の選択とはいっても、政友会は天皇機関説攻撃による国内のファッショ化を内心では危惧していたのではないか。この疑問は山本による天皇機関説攻撃の一方で、政友会の長老議員安藤正純《まさずみ》が「社会不安に関する緊急質問」をしていることから浮かんだ。非合法直接行動の横行〔五・一五事件や井上準之助《じゅんのすけ》の暗殺など〕を憂慮する安藤は、左右の両極端の思想を排して、とくに極右のファッショを「独裁政治」と論難している。

政友会のファッショ批判の立場は政民提携論に未練があった。政友会は天皇機関説攻撃のさなかの四月二五日の幹部会で、政民提携論批判に対して島田俊雄《としお》総務は「連携によって我党の特色を失うことはないと思う」と答えている。反ファッショの政民提携論は政友会内に残っていた。

他方で民政党の単独志向も困難に直面する。この年の八月一二日、陸軍皇道派の相沢三郎《あいざわさぶろう》中佐が永田鉄山を斬殺した〔相沢事件〕。岡田内閣を支える政治勢力の重要な一角が打撃を受ける。永田は社会大衆党の亀井貫一郎《かめいかんいちろう》とともに、内閣調査局を作った当事者である。内閣審議会と内閣調査局は、民政党と社会大衆党、新官僚、陸軍「統制派」の結集点だった。別の言い方をすれば、内閣審議会と内閣調査局をとおして、これらの政治勢力が岡田内閣を支えようとしていた。単独過半数に満たない少数政党の民政党が単独内閣を作ることができるとすれば、それはこのような形で岡田内閣に協力しつつ、いわば禅譲を待つ以外になかった。

ところが内閣調査局の支柱である永田を失うと、内閣審議会の雲行きも怪しくなっていく。実際に開催されてみると、内閣審議会は「政治の刷新」、「社会生活の改善」といった目標を掲げたものの、「各集団又は各制度の妥協による総合政策の樹立」などできるのか、懸念が広がった。内閣審議会と内閣調査会の枠組みは「統制派」の脱落をきっかけとして、求心力を失っていく。

単独志向が行き詰れば、政民提携路線に回帰するようになる。「憲政の神様」尾崎行雄《ゆきお》は、政友会の爆弾動議に動じることなく、政民提携の重要性を強調していた。尾崎はイギリスのマクドナルド挙国一致内閣を引照する。この内閣は「其後幾らかの亀裂《ひび》もあるかも知らぬけれども、兎《と》に角《かく》敗れずに久しく存続して居る」。民政党が立ち返るべき理念は、このような政民提携論だった。

3 反ファッショ勢力の再台頭

広田外交の国内基盤

国際連盟脱退通告後の日本外交を再軌道に乗せる責任を負ったのは、斎藤・岡田内閣の外相を務めた広田弘毅《ひろたこうき》（一八七八―一九四八年）である。広田外交は、多国間レベルよりも二国間レベルでの対外関係の修復を重視する。

欧米との外交関係は、まず対米関係の修復をめざして、一九三四（昭和九）年の広田＝ハル（米国国務長官）メッセージ交換がおこなわれる。この年の二月二一日、広田は協調の精神をもってすれば、日米間で解決できない問題はない旨のメッセージをハルに届ける。ハルは三月三日に、同感であるとのメッセージを返信する。ついでイギリスとの外交関係の修復は、不可侵協定構想となって具体化していく。

対米英関係以上に重要だったのは、中国との外交関係である。広田外交は、経済提携による漸進的な日中外交関係の修復を試みる。広田は一九三五年一月の議会で「私の在任中に戦争は断じてない」と発言する。

この発言は政友会の芦田均の質問に対する答えだった。芦田は政友会の野党的な立場（憲政常道論の単独内閣志向）ではなく、政民提携論の立場から広田の対中外交を支持していた。「吾々も其方針に同感の意を表する考《かんがえ》であります」。同時に芦田は軍部を批判する。「軍部は時として余りに自信を持ち過ぎる」。

広田外交を支えたもう一つの重要な政治勢力は陸軍「統制派」だった。広田の発言は中国大陸の現地軍を挑発し、非難を引き起こした。それでも林銑十郎《はやしせんじゅうろう》陸相（一八七六―一九四三年）―永田軍務局長の「統制派」ラインは、現地軍を抑制した。

ところが天皇機関説問題が起こる。国内の混乱を見透かすかのように、現地軍の策略が本格化する。それが五月から六月にかけての華北分離工作だった。中国本土の華北地方の五つの省を蔣介石《しょうかいせき》政府から分離して「親日」地帯化する。華北分離工作は、広田外交を根底から覆しかねなかった。

永田は統制の回復に努める。華北分離工作の打ち切りを試みる。そのさなかに相沢事件が起きる。政府内のパートナーを失った広田外交の国内基盤は、天皇機関説問題との相乗作用によって、大きく揺らいでいく。

一九三六年二月二〇日総選挙

天皇機関説問題と華北分離工作の同時進行は、国内のファッショ化となって二大政党を圧迫する。政党の真価が問われる。その機会は一九三六（昭和一一）年二月二〇日の任期満了にともなう衆議院総選挙だった。

衆議院総選挙の前哨戦《ぜんしょうせん》として、一九三五年秋に地方議会選挙が実施される。『東京朝日新聞』（九月三〇日）によれば、選挙結果は、総議席数一二三二のうち政友会五二六、民政党五二七、無産政党二六だった。この選挙結果は何を示すか。『東京朝日新聞』（同前）の社説は指摘する。「最も重要なるものは〔中略〕独裁主義的風潮が民心を動揺せしむるに足らず、議会主義が全面的に国民の支持を受けたという点である」。二大政党の圧勝と社会大衆党の進出、右翼団体勢力の惨敗（当選三名）がこの分析の根拠となっている。

どうすればつぎの衆議院総選挙で勝てるか。政友会にとって答えは明白だった。総選挙を目前に控えて、政友会顧問加藤久米四郎は訴える。「徒に声を大にしてファッショや独裁政治を高調するのは慎しまなくてはならぬ」。反ファッショの隊列に加わる。これが総選挙に勝利する要点だった。

民政党の総選挙対策のスローガンは、政友会以上に鮮明である。「ファッショ運動を排撃し議会政治を確立せよ」。民政党にとって憲政常道とは、この時点ですでに衆議院の多数派による単独内閣ではなくなっていた。憲政常道とは「国民多数の総意を基礎とする〔中略〕挙国主義の内閣を政党が支持する」ことだった。

総選挙の結果はどうだったか。第一党は定数四六六議席のなか二〇五議席を獲得した民政党だった。政友会は改選前との比較で一三〇議席減の一七一議席である。また社会大衆党が一八議席と躍進している。反ファッショ姿勢の鮮明度に応じて、選挙結果がもたらされた。

政友会がファッショ批判に転じたのは遅きに失した。天皇機関説攻撃の痛手は大きかった。政友会総裁鈴木喜三郎の落選によって、単独内閣志向は挫折する。しかし鈴木を失った後の政友会は、選挙結果を気にする風でもなかった。加藤久米四郎は分析する。「今回の選挙を顧みてその著しい特徴は、国民大衆が政治を道徳に結び付けて批判し、所謂《いわゆる》倫理化された思想が旺盛になったと見得られる点である」。

国民と政治家が直接、結びつく。国民は政治家に倫理的に振る舞うように要求する。国民は政党に対して、イデオロギーのちがいよりも個別の政策をめぐって競うように促した。加藤は気づいた。「国民大衆の実生活に直接交渉を持つ政策を掲げることが捷径《しょうけい》である」。加藤はイギリスの例を引く。「イギリスあたりでは華やかなる抽象的政策論よりも、コンデンスミルク一缶に付ての輸入税を一セント上げるか否かの問題が政党の主張となったことすらある」。政友会は政党の原点に立ち返って、国民生活の向上を目的とする具体的な政策を訴えていくようになる。

民政党は勝利した。しかし単独政権が回ってくることはなかった。それはそれでよかったのだろう。なぜならば選挙前に民政党がめざしていたのは、挙国一致内閣だったからである。民政党の機関誌の観測記事は示唆する。今回の選挙による政局の安定は暫定的なものである。政変が起こるかもしれない。しかしそれは単独内閣の出現を前提とするのではなく、挙国一致内閣の再建である。挙国一致内閣の再建とは、岡田内閣への大命再降下、あるいは別の人物（たとえば高橋是清《これきよ》）による挙国一致内閣の出現を指す。岡田内閣への大命再降下となれば、政友会からも入閣するかもしれない。そうなれば岡田内閣は真の挙国一致内閣になる。

すぐにはそこまでいかなくても、当面は岡田内閣が続くことになる。岡田内閣は天皇機関説攻撃を受けて譲歩を重ねたものの、辞職にまでは至らなかった。総選挙後も岡田内閣が続く以上、この選挙の勝者は岡田内閣だった。民政党は社会大衆党と連携しながら、岡田内閣を支える。民政党の立場は明確だった。選挙スローガンを政策化して、社会民主主義的な改革による格差社会の是正をおこなう。そのために民政党が掲げた主要な政策課題をまとめ直すと、以下のようになる。

一、社会政策の実施による資本家と労働者の平準化。
二、商工組合中央金庫の創設による中小商工業者対策。
三、地方財政調整交付金による中央―地方関係の格差の是正。

あとは実行あるのみだった。

ところがその矢先に一大事件が勃発する。二・二六事件である。この陸軍部隊の反乱事件は昭和軍閥の抗争の一齣《ひとこま》だった。前年の相沢事件にもかかわらず、陸軍「皇道派」は勢力を奪還できなかった。そこへ反ファシズムの国内の潮流が激流となって押し寄せてきた。「皇道派」は窮余の一策として、二・二六事件を起こした。

二・二六事件は、五・一五事件が政友会に及ぼしたのと同じ影響を民政党に及ぼす。政友会の船田中は分析する。「今回の事件の場合に於ても政、民地位を換え程度の差こそあれ、総選挙の効果を無視して了《しま》ったことは同様である」。要するに船田によれば、「二・二六事件は、流血の犠牲を以て国政の革新を要求し、『日本はどうなるか』の大問題を投げかけることに依って総選挙の結果の如きは殆《ほとん》ど全く之を吹き飛ばして了った」。

二・二六事件は直ちに鎮圧される。二月二九日には帝都東京は平常に復帰する。反ファッショを支持する国民の多数は反乱軍を敵視した。国民は今の生活を保守することを選んだ。しかし民政党にとって二・二六事件が衝撃だったことには変わらない。岡田内閣が引責辞任したからなおさらだった。

広田内閣と二大政党

岡田の辞任後、大命は広田弘毅に降下した。広田は組閣に着手する。ここで軍部から横槍《よこやり》が入る。政党からの入閣者は四名ではなく二名に減らせ。広田は軍部の要求を退けて、政民各二名分の閣僚ポストを確保する。広田は挙国一致内閣の体裁にこだわった。岡田内閣と比較すれば、挙国一致度が高いと言ってもよい。二大政党に同数の閣僚ポストを用意したことがその証《あか》しである。

政友会にとって広田内閣は悪くなかった。それには二つの大きな理由があった。

一つは党内の勢力分布に関係していた。鈴木総裁の落選が単独内閣志向を弱めていた。第二党への転落は、広田内閣へ協力する方が得策だと判断させていた。

もう一つは広田が内閣審議会を廃止したことである。すでにみたように政友会は、内閣審議会を批判して岡田内閣からの協力要請を拒否していた。内閣審議会の廃止によって、政友会は広田内閣への協力がしやすくなった。政友会は島田俊雄が農相、前田米蔵《よねぞう》が鉄道相のポストをそれぞれ確保する。

政友会は広田内閣への協力をとおして、政党政治の復権を期する。砂田《すなだ》重政《しげまさ》衆議院議員は言う。「政治が一方に偏し、例えば一部分の財閥に偏し、或は官僚に偏し、軍閥に偏するというが如きことのないようにする」。それには「政党の力とその政策とが確立して始めて民意を代表したる政治」をおこなわなくてはならなかった。

民政党の立場は微妙だった。総選挙に勝ったものの、二・二六事件によって単独内閣の目はなくなった。広田内閣に協力する以外に選択の余地はなかった。民政党は頼母木《たのもぎ》桂吉《けいきち》を逓信相、川崎卓吉（のちに小川郷太郎《おがわごうたろう》）を商工相として送り込む。

それでも民政党は、広田内閣が真の挙国一致内閣なのか、疑問を抱いていた。民政党総裁町田忠治は広田内閣に留保をつける。「現内閣は各方面から閣僚を出して居て、形の上では挙国一致であるけれども、政策の上で之を実現し得るや否やは、今後最も関心を持って見ねばならぬ」。

4　近衛内閣の成立

広田内閣の崩壊

広田内閣に対する政友会の協力姿勢は限定的だった。組閣した年の末までに広田内閣は八方塞がりの状態に陥ったからである。

小山完吾《こやまかんご》（政界上層部に通じる、政友会の代弁役のジャーナリスト）は一九三六（昭和一一）年一二月四日に元老西園寺に対して、広田の期待外れを語る。「こんどの広田内閣は外交だけは大なる間違いをしでかさざるべしと期待したるに、この期待は無惨にうらぎられて、対支、対露、すべて失敗。ついに、対独協商〔日独防共協定〕にまでも脱線したるが、財政においても、馬場〔鍈一《えいいち》〕財政は、全然軍人のいうなり放題に予算を編成したりというのほか、蔵相として何等努力の認むべきものなし」。

二国間関係の修復をめざす広田外交は、広田内閣でも外相を有田八郎《ありたはちろう》に代えて継続した。しかしこれといった成果を上げることはできなかった。華北分離工作の行き過ぎを修正したものの、日中関係は改善しなかった。それだけではない。広田内閣はこの年一一月に日独防共協定を結ぶ。ファシズム国ドイツを批判してきた政友会にとって、これは容認できなかった。

広田内閣は馬場財政に限らず、軍部の横槍に甘かった。政友会は我慢ならなくなる。政友会の不満が爆発する。それが一九三七年一月二一日の議会での浜田国松議員と寺内寿一《てらうちひさいち》陸相との「腹切り問答」だった。

浜田はこの演説で陸軍が「ファシズム」「独裁思想」に向かっていると批判した。寺内は軍人を侮辱する発言と激怒する。浜田は一歩も引かない。「速記録を調べて僕が軍隊を侮辱した言葉があったら、割腹して君に謝する。なかったら君割腹せよ」。

浜田の挑発は意図的で計算ずくだった。政友会は広田内閣が行き詰った時に備えて、後継候補を用意していたからである。後継候補とは宇垣一成《うがきかずしげ》陸軍大将のことだった。小山完吾の宇垣評を借りる。宇垣は「国民一般にひろくその手腕を信ぜられ、また議院にも、経済界にも、それぞれの連絡をたもちうるていの人物」だった。小山は西園寺に宇垣のほか適任者なしと言い切った。

同様の情報は内大臣牧野伸顕の下にも届く。牧野は日記に記す。「今日の如く識者間の期待一致せるは希《まれ》に視《み》るところなり」。

宇垣擁立は政民連携による政党内閣復活の切り札だった。単独内閣の可能性を失った政友会と官僚政治内閣路線が行き詰った民政党のあとで、息を吹き返した政民提携論が宇垣擁立に結集する。「腹切り問答」を直接のきっかけとして一月二三日に広田内閣は総辞職した。後継の大命は宇垣に下った。政民提携による政党内閣が復活したかに見えた瞬間だった。

宇垣は組閣に着手する。ところが肝心の陸相候補の推薦を得られない。二・二六事件の鎮圧をとおして、陸軍内で「統制派」の権力が確立していた。陸相のポストは「統制派」の意向が左右する。「統制派」の陸軍中央は宇垣を嫌った。宇垣は政治に足を突っ込んで、民政党に近づきすぎた。陸相は首相ではなく、「統制派」の陸軍中央が選ぶ。これも広田内閣が復活させた軍部大臣現役武官制（一九一三［大正二］年、第一次山本権兵衛《ごんべえ》内閣で廃止）のなせるわざだった。宇垣は組閣を断念する。代わって大命が降下したのは林銑十郎陸軍大将だった。

一九三七年四月三〇日総選挙

林内閣は非政党内閣色が濃かった。政党からの入閣者は一名、それも政友会から分かれた少数政党の昭和会の山崎達之輔が農相に就いただけだった。二・二六事件後の軍部、とくに陸軍「統制派」の政治介入の反映だった。政党を軽視する林内閣への政党の側の反発が強まる。このままでは林内閣の議会運営は困難に陥る。一九三七（昭和一二）年二月二日に成立しておきながら、林内閣は予算案をとおしたうえで、反発する政党に対抗するために、翌三月三一日に衆議院を解散する。

四月三〇日の総選挙は奇妙だった。与党を持たない林内閣に対して、同じ野党的な立場に立たされた政友会と民政党は共闘する。二大政党は選挙戦で戦うよりも協力した。選挙結果は定数四六六議席のなか民政党一七九、政友会一七五、社会大衆党三七だった。民政党が第一党の地位を守りながらも、政友会との議席差は縮まった。社会大衆党の躍進が目立った。この傾向と政党勢力の分布図は改選前と変わらない。この選挙で国民の意思がどこにあったかは明らかだった。第一党の民政党が政権に就いて、社会大衆党との協力によって、社会民主主義的な改革を進める。つぎに民政党と同等程度の支持を得た政友会が遠くない将来、政権を担うようになる。要するに政党内閣の復活が国民の意思だった。

それにもかかわらず、林内閣は居座りを決め込む。二大政党は激高した。林内閣打倒で両党は手を結ぶ。五月一三日、両党の幹事長が会見する。

小泉又次郎《またじろう》民政党幹事長「政民両党は現在の時局を憂慮し現内閣に対する態度は期せずして一致していると思う」。

松野《まつの》鶴平《つるへい》政友会幹事長「御説の通り我々も全然同感である、林内閣に対する態度は議会の解散を受けたる直後既に決定している」。

続いて五月一九日には帝国ホテルで政民両党連携第一回協議会が開催される。小泉幹事長は宣言する。「友党諸君と一堂に相会して林内閣を打倒し、憲政の根本義に則《のっと》り国民の総意を基調とする真の挙国一致内閣によって、庶政革新の政治を断行すべき方法等につき互に意見の交換を為すことは私共の欣快《きんかい》に堪えぬ次第であります」。犬養内閣崩壊後、ここに二大政党はもっとも接近した。

政民両党は五月三一日に倒閣実行委員会を開催する。両党は申し合わせる。「現内閣の存在は一日も許すべからず。故に倒閣の目的を達するため凡《あら》ゆる方法を講ずること」。二大政党の倒閣への強い意志によって、林内閣はこの日、総辞職を余儀なくされた。

思いがけない結果

政民の提携に直面して、林内閣はあっけなく崩壊した。しかしその後について両党にこれといった考えはなかった。一九三七（昭和一二）年二月二日に成立した林内閣は三月三一日に衆議院を解散し、四月三〇日に総選挙をおこなう。この予想外の展開に、政党の側は準備不足が否めなかった。

政友会も民政党も、林内閣打倒で手を結ぶところまではいったものの、そのつぎのシナリオが準備できなかった。切り札の宇垣を失ったあとだけに策がなかった。小山完吾は林内閣総辞職の当日、「後継者の見すかしが充分ならざる」ことを認めている。二大政党の側の準備が不十分なまま、大命は近衛文麿《ふみまろ》に降下する。

近衛首相の登場は国民的な人気を博した。五摂家《ごせっけ》の筆頭の青年貴族の近衛が総理になった。このことだけで国民に新鮮な感じを与えるのに十分だった。陰鬱《いんうつ》な林内閣のあとだけに、国民は近衛に強い期待を抱いた。

対する政党の近衛評はちがった。二大政党はどちらも近衛を首相候補として想定していなかった。

小山は傍観することにした。「この際近衛公の出馬は、大勢上、余儀なきことと思惟《しい》するも、近衛公のごとき門閥ある青年政治家が、何故その本領を没却してまでも、軍部に迎合して、その内閣の顔ぶれにいたるまでも、かれらの註文《ちゅうもん》に応ぜざるをえざるかの理由を解せず。その組閣ぶりには共鳴しがたきをもって、単に傍観の態度にありしのみ」。

民政党も近衛に対して懐疑的だった。党機関誌のある論考は疑う。「如何《いか》に贔屓目《ひいきめ》に之を迎えんとしても、所謂る隻手は声を作《な》さぬのである。果して二大政党が、果して九千万国民大衆が、安心して共鳴し得られるだけの充分の用意を以て、近衛新内閣が出現したか如何かを怪しむ」。

ところが二大政党は内心、疑問を抱きながらも、近衛内閣に協力せざるを得なくなる。七月七日に盧溝橋《ろこうきょう》事件が起きたからである。北京郊外の盧溝橋での偶発的な軍事衝突は、日中全面戦争へと拡大していく。近衛は七月一一日、各政党に挙国一致の協力を求める。民政党の町田総裁は「国民も亦《また》挙国一致の協力を与うるを信じて疑わざる旨」を述べて約した。

非常時の挙国一致はやむを得ない。そう考える政党も議会での議論は別だった。政友会の岡田忠彦《おかだただひこ》は九月六日の予算総会で政府の姿勢を見透かす。「其後政府の為す所を拝見致して居ると云うと、どうも決心が付かず、見透《みとお》しが付かないのではないかと云う感じを深く致して居ったのであります」。浜田国松も近衛内閣の戦争外交を質《ただ》して、「戦争の終局は、複雑なる意味に於て今日から用意をして置かんければならぬ」と述べる。しかし外相の広田は「答弁を差控えたい」と逃げた。

戦時下の外見上の挙国一致は、中身をともなわなかった。四月三〇日の総選挙で二大政党はともに勝ったはずだった。それにもかかわらず、意図に沿わない内閣が成立する。二大政党は気持ちの持って行きようがなかった。

Ⅶ　二大政党の解党とその後

1　虚構の挙国一致

政友会の党内対立

政民提携による挙国一致の模索は、日中全面戦争の勃発によって思いがけず実現した。近衛文麿《ふみまろ》内閣の下での挙国一致は、外から与えられたものであって、二大政党が作ったのではない。二大政党は内心、近衛内閣に不満を抱いていた。

政友会の本音は小山完吾《かんご》が牧野伸顕《のぶあき》内大臣に代弁して語っている。以下の小山の日記（一九三七〔昭和一二〕年八月三日）からの引用が政友会の基本的な立場を余すところなく伝える。

「盧溝橋事変の勃発にあたり、政府の採りたる、いわゆる、挙国一致鼓吹の態度は、われわれよりみれば、いささか晴天の霹靂《へきれき》〔青〕にして、支那にたいして、国論一致の姿勢をしめさんと欲して、右目的のために、若干の効果ありたるやいなやは、もとより知るを得ざれども、これがため、一般民衆の対支強硬態度を不必要に扇動し、また、現地の軍を刺激して、さらぬだに、強きに失する進撃論をいよいよ燃えあがらしむるにいたりたる傾向あるは、遺憾にたえず」。

一九三七年七月七日、中国の北京郊外の盧溝橋で勃発した偶発的な軍事衝突事件は、四日後に現地で停戦協定が結ばれながら、どちらの国も守ろうとせず、拡大する。国論は対中強硬論でまとまる。挙国一致が実現する。

このような展開は、政友会の望むところではなかった。たとえば元外交官のキャリアと情報網から、日中関係の悪化を実感していた芦田均《ひとし》は、七月一〇日の段階で政府が「ヤル決心ダナ」と直感した。一二日には「過去数年来ノ自分等ノ努力ガ凡《すべ》テ瓦崩ニ帰シタ如《ごと》クニ悲観シタ」。戦争拡大は政友会にとって不本意だった。しかし不拡大・現地解決の基本方針にもかかわらず、国内の強硬論を背景に、戦争は長期化していく。

国内の相克の解消を唱えて政権の座に就いた近衛は、大臣ポスト二つ（逓信相永井柳太郎《りゅうたろう》＝民政党、鉄道相中島知久平《なかじまちくへい》＝政友会）と政務官全員（二四名のうち政・民各一〇、小会派四）を政党から採る。政友会に不満はないはずだった。ところが党内対立が顕在化する。中島の入閣をはじめとして、政友会からの政務官は、中島の政治グループが大半だったからである。他方で鈴木喜三郎《きさぶろう》総裁の落選後、総裁代理の鳩山一郎《いちろう》が党内勢力を伸ばす。鳩山派対中島派の党内対立は、近衛の中島派重用によって激化していく。

民政党の対応

民政党も党内事情は程度の差こそあれ、政友会と似たり寄ったりだった。近衛は首相の主導権を確保するため、組閣に当たって、政友会執行部に対してと同様に、民政党執行部にも入閣要請をすることなく、永井柳太郎を逓信相に一本釣りした。近衛内閣に対して与党的な立場を保つため、町田忠治《ちゅうじ》総裁は永井の入閣を了承したものの、党内に波風が立つ。

それでも近衛内閣の挙国一致に協力する態度は変わらない。どの内閣に対してであれ、戦時下にある以上、協力しないわけにはいかなかったからである。町田総裁は両院議員・評議員連合会の席で演説する。「今日の重大なる時局に当りては挙国一致の力を以《もっ》て時艱《じかん》克服に努めねばならぬ〔中略〕近衛内閣に対しても、其《そ》の主義、主張に大なる相違なき限り誠意を以て之《これ》を援助するは、国家の為《た》めに公党の採るべき態度である〔中略〕我党はこの国際危局に関し、政府の決意に国民的援助を与え一日も速《すみやか》に北支の事変を解決すると共に、支那をして其の誤れる対日の態度を改めしめ、東亜安定の実《じつ》を挙げん事を期する」。

しかし政友会と民政党の対中強硬論による挙国一致は見せかけにすぎなかった。

近衛内閣と政党勢力の相互誤解

実際に国民を扇動していたのは「ヤル決心」の政府、とりわけ政府内非政党勢力だった。

ところが政府内非政党勢力の側からすれば、政党の方が国民を煽《あお》っていた。内閣書記官長（現在の官房長官にあたる）風見章《かざみあきら》は七月一一日の日記に、国民が政党の対中政策に対する信頼を失っているとして、概略、つぎのように記している。没落しつつある政党は、現状を打破する機会を求めている。そこへ盧溝橋事件が勃発した。このままだと国民と同様に中国に対する優越感を抱く政党が無責任な強硬論を唱えて、国民世論を刺激しかねない。

風見は先手を打つべきだと近衛に進言する。政財言論界から盧溝橋事件の処理についての白紙委任状を取りつける。主導権を確保したうえで、早期解決をめざす。風見のシナリオに即して、近衛は同一一日、政民両党の代表に支援と協力を要請し了解を得る。近衛内閣はこの日、閣議で「不拡大・現地解決主義」の基本方針を決定する。

他方で同じ日、現地で停戦協定が成立する。近衛内閣は停戦監視のための派兵を認める。しかし中国側はこれを戦争拡大の意思表示と受け取る。停戦協定は結ばれながらも守られず、戦争が拡大する。

近衛内閣の早期解決の意図にもかかわらず、状況が悪化していくのはなぜか。政党の側は近衛内閣の意図を疑った。他方で近衛内閣は、戦線の拡大にともなう国内の強硬論が早期解決を困難にすると考えて、政党の側に戦争拡大の意図があるのではないかと疑った。近衛内閣と政党勢力はどちらも対中強硬論に抑制的だった。それにもかかわらず、戦争が拡大しているのは、相手側こそ対中強硬論の立場を主張しているからだと警戒した。近衛内閣と政党勢力の相互誤解は、戦争の拡大を促進していく。

国民健康保険法案

近衛内閣と政党勢力の対立は、もう一つの争点をめぐって、近衛内閣内の非政党勢力と政治勢力との対立をもたらす。もう一つの争点とは、国民健康保険法案を議会に提出することの是非だった。政友会の中島鉄道相と民政党の永井逓信相はそろって賛成する。「此《こ》の法案を提出せざるが如きは内閣の権威を失墜する所以《ゆえん》なり」。社会政策をめぐって競ってきた政民両党にとって、近衛内閣が国民健康保険法案を提出することは当然だった。

対する近衛内閣は提出を見送った。近衛内閣にとって真の対立は非政党勢力と政党勢力の対立ではなかった。医療利用組合・産業組合が国民健康保険組合を代行することを認めるか否か。これを認める政府原案を支持する産業組合と修正を求める医師会とが対立していた。この対立を背景に、近衛内閣内の省庁間の意見調整がつかなかった。

真の対立が何であれ、政民両党の主張がとおらなかったことに変わりはない。近衛内閣と政党の政治的な距離が広がる。挙国一致が失われていく。

電力国家管理法案

政府と政党の立場が対立したのは、電力国家管理法案の場合も同様だった。この問題は政友会以上に民政党の方により複雑な陰影を投げかける。この問題はすでに広田弘毅《こうき》内閣の時に起きていた。民政党から入閣した頼母木桂吉《たのもぎけいきち》逓信相が一九三七（昭和一二）年一月にこの法案を議会に提出したからである。

頼母木案は奥村喜和男《おくむらきわお》の案を基礎としている。奥村とは逓信省の官僚から内閣調査局の調査官となった、革新官僚を代表する人物である。革新官僚とは何か。一九三〇年代の危機を背景に、国家社会主義思想によって国家改造をめざす（軍官僚を含む）国家官僚を指す。革新官僚は新官僚よりも急進的な主張をする。彼らは新官僚と同様に、内閣調査局をとおして岡田内閣の政策に影響を及ぼす。岡田内閣の与党的な立場の民政党と革新官僚は相互に接近していた。

民政党にとってここに新たな問題が生まれる。問題とは電力国家管理法をめぐる〈自由〉と〈統制〉の対立である。『民政』（一九三六年九月号）は賛否両論の特集を組む。賛成論の筆頭は奥村である。奥村は電力の国家管理を国防・経済・政治の観点から正当化する。国防を掲げたのは、同じ革新官僚の軍官僚、たとえば鈴木貞一《すずきていいち》陸軍大佐との連携を想起させる。経済とは〈自由〉経済を否定する〈統制〉経済のことである。政治とは政治の革新による国家改造を意味する。奥村案の電力の「民有国営」（所有＝資本家・企業、発電・送電＝国営）は、電力の私的利潤追求を抑制し国家〈統制〉を進める。

これに対して民政党内から反発が起きる。〈自由〉経済を擁護する立場からすれば、これは国家社会主義の考え以外の何ものでもなかった。営利目的では利潤の搾取に遭って消費者が不利な立場に置かれる。品質も改善しない。価格も高い。代わりに国営化すれば、高品質・低価格の供給が安定的に可能となる。奥村案のような議論で行けば、何でも国営化すればいいことになる。民政党の渡辺銕蔵《わたなべてつぞう》衆議院議員はこう述べて、〈自由〉市場での競争こそ電気事業の発達・品質の向上・価格の低下・供給の普及が進むと反論する。

広田内閣の総辞職によって法案の審議は中止される。林内閣が再提出することはなかった。急進展をみせるのは、近衛内閣の成立がきっかけだった。民政党の永井柳太郎逓信相は電力の国家管理をとおして、〈統制〉経済の促進と国家による富の再分配を重視した。永井は政党や財界からの反対を押しのけて、部分的な譲歩をしたものの、一九三八年三月、法案の成立を手にする。永井が目的を達成できたのは、岡田内閣期に形成された民政党―革新官僚―社会大衆党の連携の枠組みのなかだった。

国家総動員法案

電力国家管理法案と比較すれば、国家総動員法案に対する反対論は政民を問わず強かった。両党出身の閣僚の中島も永井も、この法案の提出見合わせを求めている。ところが政府は多少の修正を加えて、法案を提出する。日中戦争の全面的な展開に対応して、戦時体制の確立が急務だった。戦時体制の法整備を進めて行けば、行き着く先は国家総動員法ということになる。国家総動員法は、労働条件に始まり、物資、企業活動、言論などの広範な分野を統制の対象としていた。統制の内容は具体的には明示されず、裁量の余地が広かった。すべては政府の勅令や省令、通達で指示することができるようになる。

民政党は電力国家管理法案の場合とは異なって、国家総動員法案に反対した。弁護士出身の斎藤隆夫《たかお》が議会に対する白紙委任状の要求に等しい国家総動員法を批判する。「私の見る所に依《よ》ると、此立法は嘗《かつ》て独逸のナチス政府が採った所の立法〔授権法〕と稍々《やや》相類似して居《お》る所がある」。ヒトラーのドイツになぞらえて、斎藤は国家総動員法案が「憲法の一部変更、憲法の中止と何等《なんら》選ぶ所はない」と言い切る。政府が帝国憲法の下での「日本臣民の権利自由」を法律によらずに好き勝手にできる。斎藤は憲法政治を擁護する立場から法案に反対した。

政友会内では〈自由〉対〈統制〉の原理的な問題と連動して、国家総動員法をめぐって意見が対立した。これは鳩山派対中島派の対立でもある。中島鉄道相の政治グループが局面をリードする。彼らは法案への支持をとおして近衛内閣の与党的な立場を強めようとしていた。対する鳩山派も乗り遅れまいとして政府支持に転換していく。

こうなると民政党も党内の反対論にもかかわらず、結局のところ賛成に回る。反対したところで政友会が賛成ならば、法案は成立するだろう。そうなれば民政党は近衛内閣から遠ざけられる。国家総動員法は〈統制〉による社会の平等化をもたらすかもしれない。民政党はその可能性の方に賭ける。国家総動員法案は一九三八（昭和一三）年三月一六日に衆議院が全会一致で可決する。

2　戦時体制下の「民主」化

政友会の対独接近

前節でみたように、国家総動員法案の全会一致の可決をもたらした直接の理由は、国内政治の観点から説明できる。以下ではさらに国際政治と連動する国内政治の観点から、なぜ政民両党が戦時体制に協力したのかを明らかにする。

政友会は、党内の二大派閥の一方を率いる鳩山が国家総動員法案の反対から賛成へ転換した。その背景に鳩山の対独イメージの転換があった。鳩山はすでに一九三六（昭和一一）年の段階で、ヒトラーのドイツに対する肯定的な評価を語っている。「新興ドイツは実によく庶政一新をやっていますネ、今のようだったらドイツは十年なり二十年の後には非常によくなると思う」。「庶政一新」とは当時の広田内閣の標語である。鳩山にとってヒトラーのドイツは日本の模範国だった。

鳩山の対独接近は翌年七月一九日から一九三八年二月二日までの欧米外遊の見聞によって強くなる。「充実せる国家は何《いず》れも正当にして強力なる政党を土台となす」。そう言う鳩山にとって、アメリカのニューディール連合、イギリスの保守党内閣、ヒトラーのドイツ、ムッソリーニのイタリアの間にちがいはなかった。これらの国は国民の絶対多数が支持していた。ドイツの統制経済体制に興味を抱いた鳩山は、ドイツ側に質問する。「物価統制はどの範囲か、生産必需品の程度は或《あるい》はそれ以上か?」。対する答えはつぎのとおりだった。「国民大衆の実生活と関係ある諸物資並《ならび》に賃銀に関しては統制が厳重である」。鳩山は大きな示唆を得たにちがいない。

〈自由〉から〈統制〉へ傾斜した鳩山は、帰国後の国会審議の過程で、国家総動員法案を受容するようになっていく。他方で「国情に適合した強力な政党」は、どうすれば作ることができるのか。鳩山に課題が残った。

政友会の遠心化

政友会の党内状況は、鳩山に残された課題を考える時間の余裕を与えなかった。一九三六(昭和一一)年二月の総選挙で鈴木喜三郎の落選後、総裁不在が続いていた政友会は、空席を埋めなくてはならなかった。この年の夏の政友会は、鳩山派対中島派の抗争が激しくなる。

政友会は初めて総裁公選を実施する。鳩山は勝利を見越して公選一本槍《いっぽんやり》だった。対する中島は政友会を脱党して近衛の下で新党を結成すべきだと考えていた。しかし結局のところ鳩山の挑戦に受けて立つ決意を固める。

　ところが事前予測で鳩山不利と出る。鳩山は一転して公選回避に動く。もともと公選に消極的だった中島にとって、鳩山の転換は悪くなかった。政友会は大会直前になって、選挙を中止する。これで鳩山派と中島派の対立が収まってよかったとはいえなかった。総裁不在が続く政友会は求心力を失って、権力の遠心化が進む。党内分裂が避けがたくなっていく。

民政党の対ドイツ観

　政友会の対独接近と比較すれば、民政党の対ドイツ観は抑制的だった。一九三七（昭和一二）年一一月三日、日独防共協定成立一周年記念祝賀会が開催される。民政党の衆議院議員小川郷太郎《ごうたろう》は席上、考えようによっては祝賀会にふさわしくないスピーチをしている。小川は断言する。「日独防共協定は、ファッショの同盟ではない」。小川は繰り返す。「日本は独逸とファッショを目的として手を握っているのではない」。

　小川は防共協定をあくまでも反共産主義のイデオロギー協定として正当化する。その証拠として、成立当初の広田内閣が関係改善を目的とする日中交渉の際に、中国にも防共協定を持ちかけた事実を挙げている。反共産主義であれば、どの国とも手を結ぶ。この論理によって小川は対独接近の抑制を意図した。

　民政党は電力国家管理法案と国家総動員法案をとおした第七三回通常議会を振り返りながら、「政党の屈服、政党の無気力化」との見方を否定して、憲政擁護を再確認する。世界は

「専制政治が大きな波を打つかの観を呈して居る」。しかし「我等は之を然《しか》りと買《か》い冠《かぶ》る訳に往《ゆ》かぬ。然らずして徒《いたずら》に専制体制を恋うるとせば、少くも、ファッショ伊太利《イタリー》若《も》しくはナチス独逸を恋うる者以外の何物でもあり得まい」。

対独接近を抑制する民政党は、国内では政民合同や新党構想に消極的だった。党内には永井逓信相のように、新党結成に前向きな者もいた。しかし町田総裁は、民政党の枠組みを守りながら、政友会との連携に止《とど》める考えだった。

戦時体制下の社会の平準化

ファシズム国家を批判し新党構想に慎重な姿勢を示しながら、それでも民政党はなぜ近衛内閣に協力したのだろうか？　それは平時では容易に進展しなかった社会政策の実現を期待したからである。

実際のところ、たとえば国民健康保険法案は、調整ののち、政府が第七三回通常議会に提出して成立、一九三八（昭和一三）年四月一日に公布されている。またこれと関連して、同年一月一一日には厚生省が発足している。厚生省は「国民保健、社会事業及労働に関する事務を管理」する行政機関だった。当時、厚生省の課長だった村田《むら た》五郎《ごろう》の回想によれば、日中戦争をきっかけとして厚生省が設置された経緯はつぎのとおりである。「〔厚生省の設置は〕わが軍部の強い要望によるのです。その主な理由は、日中事変の経過からして戦力増強のためには何としても国民体位の向上を図る必要があるということだったのです」。

もう一つ民政党が期待したのは農地調整法だった。自作農の創設による地主―小作農関係の平準化をめざした農地調整法は、戦争が起きたからこそ実現する。戦時下の食糧増産のために、小作農の生産意欲を高める必要があったからである。だが法案は貴族院での反対に遭って骨抜きにされ、地主寄りのものとなる。衆議院では文言の一部を修正し「相互扶助の精神に則《のっと》り耕作者の地位の安定」となったのに対して、貴族院はわざわざ「農地所有者及び耕作者の地位」と再修正したからである。

それでも民政党の村松久義《むらまつひさよし》衆議院議員によれば、「我党は幾多の不満を忍んで〔中略〕一応政府の本法運用に信頼し、本法の成立のために譲歩するの寛容を示すこととした」。

戦時体制下の政府協力は、民政党にとって諸刃《もろは》の刃《やいば》だった。一方では社会の平準化をもたらす社会政策が不十分ながら実現する。他方では国内の国家社会主義化が進む。民政党はファッショ化に否定的な態度をとり続けてきた。しかし一九三八年四月の『民政』は独伊の〈統制〉経済体制を礼賛する革新官僚の奥村喜和男の文章を掲載するようになる。「世界を貫く今後の政治と文明の流れは、必ずファッショ思想によって指導されるものと確信する」。奥村は「此ファッショ思想は将来日本に於《おい》ても本格的に発展する」と断言している。

戦時体制による社会の平準化に期待したのは政友会も同じだった。この点で政友会と民政党に大きなちがいはなかった。たとえば政友会は、戦争による男女の社会的な地位の平準化を肯定していた。戦争をきっかけとする女性の地位の向上は、女性の公民権・参政権をもたらす。星島二《に》郎《ろう》衆議院議員は一九三八年七月二〇、二七日のラジオ放送で、「私共予《かね》て議会等に於て、日本の婦人の地位向上を図りたいと思い、それには婦人の法律制度を変えなければいけない」と語っている。

近衛内閣下で女性の保護立法が施行されている。たとえば母子保護法である。この法律は一九三八年一月一日に施行される。関連して前年の一二月には母子保護法施行令・施行規則が制定されている。これによって一三歳以下の子を持つ母が貧困のため生活し得ない場合、扶助することが定められた。

総力戦体制に女性も動員する。そのための女性保護立法である。しかしそのような位置づけは事柄の半面にすぎない。もう半面には何があったか。母子保護法の成立過程の議論をめぐるつぎの指摘を引用する。「そこでかわされた議論には、平等化を志向するというデモクラシーの色彩がつよく反映されている」。

近衛内閣の社会政策立法をめぐって、同じ方向を向いていた政友会と民政党は、それぞれが党内の分裂傾向にありながら、相互に接近するようになる。政民提携の可能性が生まれる。一九三八年一〇月の「東亜再建国民運動」共同宣言は、提携の具体的な表われの一つだった。戦争をとおして日中が「東亜」地域の再建をめざす。そのための国民運動を起こすことによって、直接的には戦争の遂行を目的として、間接的には戦後を見通しながら、政民両党は歩み寄る。

3 失われた可能性

二つの政友会

「東亜再建国民運動」共同宣言に至る過程で、政民両党は各政党内が分裂含みでありながら、提携を進めていた。電力国家管理法の政民共同修正案の提出をきっかけとして、政友会は一九三八（昭和一三）年三月六日の代議士会で政民連携の新指導精神を発表する。

一、政民連携を益々《ますます》緊密にすること
二、時局の重大性に鑑み近衛内閣を支持し挙国一致の実を挙げ時艱克服に邁進《まいしん》すること

島田俊雄《としお》代行委員の補足説明は、政友会の本心とみてまちがいないだろう。島田はつぎのように説明している。「政民両党共に今日遺憾ながら多数を制していないが、両党が提携して行けば衆議院の多数を制し国民の要望する国策の実現を期待し得られると共に、政党の威信信用を高めることが出来る」。ここでは政民連携が単純な足し算の問題ではなく、国民に対する両党の責任を明確にするためだったことに注目しておきたい。

他方で同じ頃、近衛の周辺で新党構想が浮上する。

一九三七年一二月に首都南京が陥落したにもかかわらず、日中戦争は続いていた。不拡大・現地解決主義は破綻し、軍部をコントロールできなくなっていた。近衛はすでに一一月二〇日に最高統帥機関である大本営を設置した。日清・日露戦争についで三度目の大本営設置は、近衛の並々ならぬ決意の表われだった。

大本営の設置によって軍部統制の可能性がみえてくると、今度は国民世論が厄介な動きをみせる。連戦連勝の報道に沸く国民世論は、中国から賠償金や領土の一部すら獲得する勢いだった。他方で近衛はドイツを介して中国との和平を求めていた。国内の強硬論は和平条件を加重する。これでは中国側は和平を受け入れない。戦争は継続する。

どの政党も強硬論の国民世論の拘束を受けて、あるいは自ら強硬論を唱えることで、国内政治の主導権をとろうとしていた。強硬論を抑制し、政党に主導権を渡さないようにしなければならない。近衛のブレーンのひとり、東京帝国大学教授蠟山政道《ろうやままさみち》によれば、二大政党の「編成替え」や「旧態依然たる党人の離合集散」に望みはなかった。可能性があるとすれば、それは新党構想だった。

近衛の周辺で新党構想が姿を現わすと、政友会内から呼応するグループが出てくる。近衛内閣に鉄道相として入閣した中島知久平のグループである。このグループ七六人は一九三八年三月二八日に中島に決起を促すべく、「強力政党の結成に邁進する」との趣意書に署名した。中島は答える。「国家的見地から必要があるとされている強力政党を結成樹立するために政友会がなくなってもそれは止《や》むを得ない。問題の焦点は政党の拡大強化にあるのだからこれさえ実現できれば、一政友会のことばかり考えるのはつまらぬことと思う」。中島は政友会の解消による新党創設の意思を明らかにした。中島にとって政友会の解消は、政党の否定ではなく、新党への発展的な解消だった。

近衛新党構想はこの時には実現しなかった。日中戦争の解決に行き詰った近衛内閣が一九三九年一月四日に総辞職したからである。

政友会内で、中島派以外も息を吹き返す。鳩山派を中心として、政友会の復権をめざす動きが始まる。いまだ不在だった総裁争いが再燃する。前回と同様に総裁選出を公選にするか否かで議論が繰り広げられる。自派に有利と踏んだ中島グループは総裁公選を主張した。対する鳩山派は劣勢とみて公選回避に走った。対立は修復困難となっていく。

四月三〇日、党本部を占拠して党大会を開催した中島派は、中島を総裁に選出した。対する鳩山グループは、総裁の地位を久原房之助《ふさのすけ》に譲ってでも多数派工作をおこなった。

両者は自派の正統性を主張して譲らなかった。政友会は分裂する。ここに政友会中島派（政友会革新派・九七名）と政友会久原派（政友会正統派・六六名）の二つの政友会が生まれた。

斎藤隆夫「反軍演説」の位置

近衛内閣のあとはどうするか。新党構想に消極的な民政党総裁の町田忠治は、すでにみたように政民合同でもなく、両党連携に止めようとした。一九三九（昭和一四）年四月二七日の役員改選では常任顧問に斎藤隆夫ほか政民提携論の系譜の人物が選ばれている。

近衛の後継は枢密院議長の平沼騏一郎《ひらぬまきいちろう》（一八六七―一九五二年）だった。国家主義団体の国本社《こくほんしゃ》の結成にかかわった経歴を持つ平沼の内閣は、反政党の立場をとるかにみえた。しかし実際にはちがった。閣僚の布陣から一目瞭然のように、平沼内閣は近衛内閣と同じ役割が期待された。陸・海・外など七閣僚の留任だけでなく、辞めたはずの近衛が無任所大臣で入閣している。平沼は政党からも近衛内閣と同様に、政民各一名、政友会からは前田米蔵《よねぞう》を鉄道相に、民政党からは町田総裁の側近の桜内幸雄《さくらうちゆきお》を農相として入閣させる。政友会と民政党の立場からすれば、平沼内閣下であっても、政民連携路線に変わりはなかったことになる。

一九三九年一月五日に成立した平沼内閣は、八月二三日の独ソ不可侵条約の国際的な衝撃によって倒れる。独伊との防共協定の強化によって、日本の国際的な地位を高めて日中戦争の長期化にともなう現状を打破する。このような平沼内閣の外交戦略は、根底からくつがえった。

つぎに成立したのは陸軍大将阿部信行《あべのぶゆき》（一八七五―一九五三年）の内閣である。陸軍出身の首相が陸軍を抑制する。阿部内閣は対独接近からの転換による対米外交関係の改善と日中戦争の解決をめざす。

阿部は逓信相の閣僚ポストを民政党の永井柳太郎に充てた。近衛内閣に入閣して新党構想支持者となった永井の登用は、民政党内の政民提携論を刺激する。その中心人物が斎藤隆夫だった。斎藤は政友会と連携して阿部内閣を倒すことによって、政党内閣の復活をめざす。

阿部内閣から米内内閣へ

政友会との連携といっても政友会は二つに分裂していた。政民連携内閣の首相に誰を持ってくるか。ひと工夫もふた工夫もしなくてはならなかった。どの政党からも支持を得られる、斎藤の意中の人物は、宇垣一成《かずしげ》だった。宇垣はすでに二度、志半ばで挫折している。一度目は広田内閣の後継として大命が降下しながら、陸軍の協力を得られず、組閣を断念した。二度目は一九三八(昭和一三)年の近衛内閣の内閣改造によって外相兼拓務相となったものの、日中戦争を解決できずに辞任している。

それでも斎藤は宇垣に期待した。なぜ宇垣だったのか。宇垣が外相として蔣介石《しょうかいせき》政権との和平を模索したからだった。斎藤は宇垣に日中戦争の解決を求めた。斎藤は一九四〇年一月一一日に宇垣に書簡を送り、決意を促す。「現内閣の運命已《すで》に決す。人心の傾向を静観するに閣下に対する期待は依然として衰えざるものあり」。

ところが阿部の後継は海軍大将の米内光政《よないみつまさ》(一八八〇―一九四八年)だった。一月一六日、米内内閣が成立する。なぜ阿部内閣は崩壊し、後継が米内になったのか。阿部内閣は対米外交で具体的な成果を上げることができず、日中戦争の解決も見通しが立たなかった。国内では国家総動員法の全面的な発動にともなう経済の混乱がひどくなった。政党の側から倒閣運動が起きる。阿部は辞任する。

米内が後継となったのは、米内が独伊への接近に反対していたからである。陸軍の阿部で駄目ならば、海軍の米内でとの判断もあった。すでに組閣に失敗した経験のある陸軍出身の宇垣は、首相候補として不利だった。

阿部から米内へ首相が変わっても、内閣の役割は同じだった。米内内閣には政友会から農相に島田俊雄（政友会革新派）と鉄道相に松野鶴平《つるへい》（政友会正統派）の二名、民政党からも蔵相の桜内幸雄と逓信相の勝正憲《かつまさのり》の二名がそれぞれ入閣している。

宇垣を首相にすることができなかった斎藤は、二月二日の議会演説で反撃に出る。演説は大きな反響を引き起こす。この演説は「反軍演説」としてよく知られている。「唯徒《ただ》らに聖戦の美名に隠れて」の一節は、「反軍」というよりも明確な意図があった。斎藤は米内内閣の日中戦争の解決策を質《ただ》した。米内内閣は傀儡《かいらい》政権の汪兆銘《おうちょうめい》政権との和平を模索していた。米内内閣に対する斎藤にとって、真の和平とは蔣介石政権との和平を意味した。斎藤が宇垣に期待したのもこのような真の日中和平だった。

斎藤の演説に対して、民政党と政友会正統派の議員から大きな拍手がわいた。政友会革新派と社会大衆党の一部議員から野次が飛んだ。この分布が示すように、斎藤の演説は政民提携＝反新党構想の立場からのものだった。

演説後、軍部から強硬論が出る。斎藤の除名問題に発展する。演説の際の拍手と野次の分布と同様に、議会内でも意見は対立した。斎藤のもとには国民から多数の激励の手紙が届いた。それにもかかわらず、一ヵ月間の紛糾ののち、斎藤は除名処分を受ける。この時、政民連携による政党内閣復活の可能性が失われた。代わりに新党構想が再浮上することになる。

4　政党の解消

政友会正統派の解党

斎藤「反軍演説」問題を直接のきっかけとして、新党構想に最初に名乗りを上げたのは、政友会正統派だった。このグループを率いる久原房之助が年来の一国一党論者として機会をうかがっていたことを考慮すれば、不思議はなかった。しかし政友会正統派の内実は複雑だった。斎藤演説に対して、政友会正統派からも称賛の拍手がわいたように、除名反対の総数七票中五票は政友会正統派からだった。

政友会正統派のなかでも少数派を自覚する久原は、他者依存による影響力の確保をめざす。久原は一九四〇（昭和一五）年五月一八日に近衛の側近の風見を訪問して、近衛の出馬を促す。風見は冷ややかだった。久原の意図を見透かしていたからである。風見は記す。「近衛公一人の力に縋《すが》り、新党結成の極めて安易なる道を択《えら》ばんとするが如き生気地《いくじ》なき態度を継続する以上、斯《かく》の如き政治的人材の集合に在っては到底国民の信頼を求めて得ざるが故に、如何《いか》に乞わるるとも政治的感覚の鋭敏なる近衛公としては笑って聞き流す外あるまじ」。

近衛の側近の風見は新党構想の推進者である。近衛は「反軍演説」問題のさなかの三月下旬には乗り気になっていた。だが風見は近衛に「既成政治勢力を叩《たた》き壊《こわ》すに非《あらざ》れば新しき政治体制の出発は不可能」と語る。

風見はこだわった。「近衛公出馬せば解党して、その傘下に集《あつま》るとは厚顔無恥も亦甚《また》だし。政党が全く生れ変ったことを国民が納得する態度及《および》行動に出《い》でざる限り、近衛公ならずとも政党を対手《あいて》にする気持にはなれざるべし」。

まずさきに政党が行動を起こす。そのつぎに近衛が出馬する。風見の考えたこの手順に従って、最初に解党したのは久原が率いる政友会正統派だった（七月一六日）。

政友会革新派の解党

他方で中島が率いる政友会革新派は、議員総数九七名の八割を超す八一名が斎藤の除名に賛成票を投じている。この数字が示すように、政友会革新派は政友会正統派よりも新党構想に積極的だった。政友会革新派にとって斎藤「反軍演説」問題とは何だったのか。政友会革新派の認識枠組みは「革新思想」対「現状維持思想」である。「革新思想」とは国家中心の統制体制をめざす思想を指す。斎藤の除名は「個人主義、自由放恣主義の現状維持思想」に対する「革新思想」の勝利だった。政友会革新派の〈革新〉は伊達《だて》ではなかった。

政友会革新派は「革新思想」の実現のために、「強力政党」をめざす。それは風見の意図に沿うものだった。「強力政党」とは何か。政友会革新派は言う。「真の強力政党というものは単に既成政党の合同だけで各党各派の議員のみを糾合しただけで出来るものではない。軍人、実業家、官吏、学者、その他あらゆる社会、階級の俊秀が政策に就いて意見を同じくし心から君国の為めに、滅私奉公の政治行動を共に倶にとろうとするのでなければならぬ」。

その他の政治勢力と同様に、政友会革新派も欧州情勢の急転の影響を受けて、新党構想に接近したのはまちがいない。一九四〇（昭和一五）年の春、ヒトラーのドイツはノルウェー、デンマークといった北欧諸国からベネルクス三国を急速度で勢力範囲に収め、六月にはパリを占領している。欧州に新体制が成立するのではないか。この期待に連動して、日本国内でも新体制を確立する。政友会革新派の立場に近い宮田《みやた》光雄《みつお》貴族院議員は強調する。日本の「強力政治体制」下の外交の目的は、「日独伊三国枢軸の強力なる国際連環を実現強化すること」である。

政友会革新派は七月二二日の第二次近衛内閣の成立を受けて、同月三〇日に解党する。

民政党の解党

近衛を党首として想定する新党運動の勢いに負けて米内が辞任した以上、後継は近衛以外にあり得なかった。しかしすべての政党が解党したあとに近衛新党を打ち立てるシナリオは、第二次近衛内閣がさきに成立したことで狂った。それだけではない。近衛周辺の思惑と異なり、民政党の解党が進まなかった。

民政党の主流派は内心、斎藤の「反軍演説」を支持していた。民政党は新党運動に対して「其意に通ずる能《あた》わず」と反対する。「如何に非常時なればとて、故なく解消出来るものでない」からだった。

民政党は中村三之丞《さんのじょう》衆議院議員が言うように「自己改革」を挙げる。「全党員政治の第一線に奮闘する」。あるいは「党員公議を尊重する」。そのために「分立政党体制」を改編する。中村にとって民政党に必要なのは「旧政党意識から覚醒」することだった。

このような「自己改革」をおこなう政党が連携を強化して「統一体制」の下で「強力政治」をおこなう。民政党は既成政党を前提とする新体制をめざそうとした。

しかし既成政党の「自己改革」による新体制は手遅れだった。民政党がどれほどがんばってみても、その他の政党はつぎつぎと解党していく。すでに一九四〇（昭和一五）年七月六日に社会大衆党が解党していた。同月一六日には政友会正統派（久原派）、三〇日には政友会革新派（中島派）がそれぞれ解党する。

新党運動に乗り遅れるな。このままでは政治的に座して死を待つことになる。それならば一刻も早く新党のなかに座席を確保しよう。大方の政党がこの考えだった。対する民政党は「何処《どこ》に行く汽車か判《わか》らぬ中に乗る様な馬鹿はいない」と批判する意見があった。民政党は新政治綱領をとおして「自己革新」を遂げることで、今の政党の立場に止まろうとした。しかし出来上がった新政治綱領案は、時代の流れに即応するかのように、「議会中心主義」を削り、「国体の精華を顕揚」するとの項目を加えた。このような民政党に止まっても仕方がない。脱党者が相次ぐ。七月二五日には四〇名が新党に参加するために脱党した。残された町田総裁のグループは孤立無援となった。やむなく民政党も八月一五日に解党する。

すべての政党が解党したあとはどうなるのか。民政党の北昤吉《きたれいきち》衆議院議員は党機関誌の七月号で予言する。「既成政党が解消して、大合同を遂げて強力新党を作り上げても大したことは出来るものではない。一国一党のドイツ、イタリアの跡を追わんとして、政党法でも設けて、政府反対党の禁止をやることは憲法の規定に戻って、近衛公の賛成し得るところではあるまい」。北は近衛の気持ちを見透かしていた。これでは「ナチス、ファッショの代用品はおろか、国共〔中国国民党・共産党〕合作の再生品どころが落ちであろう。近衛公が財界、学界、各団体の代表者を網難〔羅〕したいというのも無理はない」。

「既成政党の無自覚は政党解消を結果し、近衛公一党の熱情と責任の欠乏とは新党を短命に終わらせるであろう」。北の予言した状況は、「新党」が大政翼賛会に至る紆余《うよ》曲折の補足説明がつけば、ほぼこのとおりになる。

大政翼賛会の成立

近衛は悩んでいた。新体制を突きつめていけば、一国一党体制になる。しかし一国一党体制は帝国憲法体制に反する。天皇大権の下で権力分立を特徴とする帝国憲法体制は、一国一党体制と相容《あいい》れない。帝国憲法第一条の定める天皇主権に優越する一国一党の体制は憲法違反である。このような新体制違憲論は近衛にこたえた。

矢部《やべ》貞治《ていじ》は近衛に問いただす。「新党でやる気があるならそれがいいと言うと、公は政党の総裁は嫌だと言う。〔中略〕では憲法論を多少無視して一国一党で行ったらと言うとそれは困ると言う。その上での方式なら大政翼賛会の方式以外にはない」。

一九四〇（昭和一五）年八月二八日に発足した新体制準備会は、九月一七日まで六回、新体制の名称・綱領・宣言を決めるために会議を開催した。会議は「大政翼賛会」の名称を決めただけで閉会する。

それでも大政翼賛会は一〇月一二日に発足式を迎える。「本運動の綱領は、大政翼賛の臣道実践ということに尽きる。これ以外には、実は綱領も宣言も不要と申すべきであり、国民は誰も日夜それぞれの場において奉公の誠を致すのみであると思う」。ここに言う「大政翼賛の臣道実践」とは、同時代の国民の大半にとって何のことやらわからなかっただろう。

「国民は誰も日夜それぞれの場において奉公の誠を致すのみ」と言われれば、わかったかもしれない。そうだとするとこれは当たり前のようにみえる。なぜわざわざ当たり前のことを宣言しなければならないのか。一国一党体制を否定した以上、こう言う以外になかったからである。綱領や宣言を出してしまえば、それは政党になる。一国一党体制は憲法違反である。

すべての政党は解党して一九四〇年一〇月一二日、大政翼賛会に集まった。しかし大政翼賛会は政党政治に代わる体制統合の主体になれなかった。大政翼賛会の名称があるばかりで、綱領も宣言もない。そのような大政翼賛会に政治的な求心力はなかった。政党内閣崩壊後の体制再統合の試みはここに挫折する。

大政翼賛会の改組

宣言も綱領も持たない大政翼賛会が体制を統合する主体になれるはずはなかった。早くも翌一九四一（昭和一六）年一月には、大政翼賛会は改組する。それも近衛のふたりの側近（有馬《ありま》頼寧《よりやす》事務総長と後藤《ごとう》隆之助《りゅうのすけ》組織局長）の退陣によってだった。改組によって大政翼賛会は政治活動が禁止されるようになった。大政翼賛会は、戦時体制下、行政を補助する機関に格下げとなった。

大政翼賛会は形骸化する。大政翼賛会の第一回中央協力会議（一九四一年六月一六日）ではすでにつぎのような悲観的意見が出ていた。「議会における翼賛運動及び改組の問題を廻《めぐ》りまして、何となくこの翼賛運動の力と熱度が後退して居るような気が致します。翼賛会は線香花火じゃない、この不滅の大道さえも愚弄するような態度があるのは誠に残念千万であります」。

なぜ大政翼賛会は退潮しつつあるのか。別の委員は言う。「ここに至らしめた原因は当局が国民の熱烈なる信頼を裏切られたるやに感ぜられ」たからである。この委員は論難する。「何が故に我が国体、我が日本精神に立脚せざる自由主義、個人主義的な言動に対して右顧《うこ》左眄《さべん》される必要があるか」。

実際のところ、大政翼賛会の改組を要求したのは、旧二大政党だった。旧二大政党は共同提案による改組を近衛に提案している。大政翼賛会の名称変更に始まり、事務局の縮小、新しい連絡機関のポストを旧政党勢力に引き渡す。これらの具体案は、議会の下で旧二大政党が主導権を奪い返すことを意図していた。すべての政党は解消したはずだった。ところが早くも旧二大政党が復権の機会をうかがい始めていた。

大政翼賛会は、改組したにもかかわらず、あるいは改組されたからこそ、体制統合の求心力を失う。近衛は日米交渉の不調を理由に政権を投げ出す。代わりに一〇月一八日、陸軍の東条英機《とうじょうひでき》（一八八四―一九四八年）内閣が成立する。戦争は回避できずに、真珠湾を攻撃する。日中戦争の世界化によって、日本はアジア太平洋の全域で戦争を始める。

翼賛選挙

緒戦の勝利を背景に、東条内閣は翌一九四二（昭和一七）年春の任期満了にともなう衆議院議員総選挙の実施を決定した。この選挙は翼賛選挙の別名を持つ。翼賛選挙の名称は、政府が各界代表に翼賛政治体制協議会を結成させて、衆議院定数と同数の四六六名の推薦候補を立たせたことに由来する。

選挙戦は四月四日の公示後から始まる。大規模な選挙干渉、推薦候補に対する支援、非推薦候補を「謀反者」のように扱う印象操作、このような翼賛選挙であっても、事前予想では都市部を中心に、旧政民の非推薦候補者が善戦する勢いだった。

たとえば東京府第一区の情勢は、警察庁官房主事の調査によれば、つぎのとおりである。「大政翼賛会の性格並に政府の選挙に対する方針の明確を欠けると、他に選挙に対する何等倚《よ》るべき基準なき今日、選挙の現実に直面する時は自然現象として既成陣営に相当の投票を見るの結果を生ずるは必然と認めらる」。

あるいは東京府第三区の予想では、同じ調査によると、翼賛体制を全面的に支持する有権者は三割程度にすぎなかった。第六区でも同様だった。「大政翼賛会に対しては、翼賛会既往の消極的態度に鑑み、其の活動に期待するもの極めて尠《すくな》きものと観測されつつあり」。

このような国民の動向は、翼賛政治体制協議会の事務方として推薦候補に肩入れしていた大室政右《おおむろまさえ》も読んでいた。大室はのちに述べている。「たしかに軍部に対する反発や何かはあったと思います。それはあって当たり前ですね」。

旧政党勢力の巻き返しが本格化していく。旧二大政党出身者三六名の賛成を得て、安藤正純《まさずみ》（旧政友会）が政府の選挙対策に関する質問趣意書を提出する。「政府は速に翼賛政治体制協議会の解消を求め、国民公選の憲法の精神を徹底し、候補者推薦方法の如きも民意に一任するの方針を採るの意なきや如何」。

旧政党勢力は果敢に選挙戦に挑戦する。「憲政の神様」と言われすでに八〇歳を越えていた尾崎行雄《ゆきお》は、不敬罪に問われる選挙応援演説をおこなう。「明治天皇に較《くら》べれば或は大正天皇も今上天皇も劣った処《ところ》があるかも知れませぬ」、それでも帝国憲法があれば大丈夫だ。尾崎は翼賛議会からの議員辞職要求を撥《は》ねつける。「私の遵守する自由主義は帝国憲法第二章に列挙されてある臣民の義務と権利自由を遵守するもの」である。尾崎は不敬罪で起訴されながら、一九四四年に無罪を勝ち取る。

非推薦候補であっても、強力な支持基盤を持つ現職の有利は変わらない。その代表的な人物が旧政友会の鳩山一郎である。四月一七日の鳩山の演説会には五三〇人が集まる。演説会は応援演説を得て「相当感動あり」と盛り上がった。

聴衆に感動を与えた演説とはどのようなものだったのか。鳩山の選挙公報から推測できる。鳩山は尾崎と同様に、帝国憲法に基づいて自由主義を擁護する。「もし、憲法の認める自由を以て、自由主義となし一切の自由を奪うことが所謂《いわゆる》革新であるなどと感〔勘〕ちがいする者があれば、それは憲法の蹂躙《じゅうりん》であり許すべからざる国法違背の徒であります」。

　鳩山の自由主義擁護は統制経済批判に及ぶ。「統制は戦時に必要な措置であります」。そう認めながら、鳩山は譲歩しない。「競争を無くすることは、個人の創意を抹殺し、発明工夫の能力を喪失せしむる惧《おそ》れがあります」。鳩山はヒトラーのドイツの例を引く。「ドイツでさえ、個人の創意ということをやかましく言い、競争を奨励して居ります」。

　四月三〇日実施の総選挙の結果はどうだったのか。推薦候補の当選者は三八一名で、全議席の約八割を占めた。この結果は政府・内務省の側からすれば、不十分だった。推薦候補の得票率は六六パーセントに止まり、新人の擁立に努めたにもかかわらず、全体として現職の当選率が八五パーセントだったからである。

　別の見方をすれば、この数字は悪くなかったのかもしれない。選挙戦で旧政民勢力の現職の底力を痛感していた大室は、「推薦候補が採ったのは、私どもが見たところでは、本当のことをいえば予想以上で、良かった」と回想している。

　非推薦候補の当選者数は約二割ではあっても、旧政民系の現職がつぎつぎと選挙区のトップで再選される。そのなかのひとりに斎藤隆夫がいた。除名処分から二年余り経ったのちのことだった。

　総選挙後、東条首相は新しい政治団体の結成を促し、五月二〇日に唯一の合法政治団体、挙国的政治力の結集と大東亜共栄圏の確立を綱領に掲げる翼賛政治会が生まれる。ほとんどすべての代議士は翼賛政治会に加入する。斎藤隆夫もそうだった。しかし斎藤の加入は議会での発言の場を確保するのが目的だった。

斎藤の士気は高い。支援者に宛てた斎藤の書簡は言う。翼賛政治会は「雑然として外形上の団結を為《な》すに過ぎざるを以て、斯る団体が今後果して統一せる活動と永続性を有するものなるやは多大の疑《うたがい》あり」。それだけではなかった。「立憲政治の上より見ると一国一党的の存在は好ましからざるもの」である。このように予測しながら、加入しても「政治上の主張には毫《ごう》も変化を受くるものにあらざる」と斎藤は支持者の理解を求めた。

翼賛選挙後の議会はどうだったのか。戦時下の議会である以上、政府と非推薦の旧政民系の議員との間で、大きな意見のちがいはなかった。戦時議会での挙国一致の戦争遂行は、民主主義国であれファシズム国であれ、同じだったからである。一九四三年六月一五日召集の第八二回臨時議会は会期三日で終わる。

他方で戦時議会は戦況の影響を受ける。勝っている時は挙国一致でも、敗けそうになれば話は別である。一九四四年七月のサイパン陥落は誰の目にも戦況の悪化が明らかになった。

旧政党勢力は東条退陣に立ち上がる。翼賛政治会には旧政友会の大物前田米蔵が総務会長の地位を得ていた。前田の主導する翼賛政治会は倒閣に向けて動き出す。衆議院書記官長大《おお》木操《きみさお》は東条内閣の外相重光葵《しげみつまもる》に議会の状況を伝える。「議会人の空気如何に対しては、この度は従来の只《ただ》倒閣的なる情勢と全然異る。翼政〔翼賛政治会〕の空気は只事には非《あら》ず」。東条内閣は総辞職する。

東条内閣の退陣にもかかわらず、戦争は終わらなかった。旧政党勢力は戦争終結を目的とする新党結成をめざす。翼賛政治会から脱退する議員が相次ぐ。しかし新党構想は実現しなかった。「新党を何故この重大時局に結成しなければならぬか」。国民の理解が得られなかったからである。旧政党勢力は戦争終結になす術《すべ》がなかった。二大政党の復活は敗戦を待たなければならなかった。

敗戦は旧政党勢力にとって好機到来だった。敗戦の翌日の日記に「乗ずべき機来れり」と記した斎藤は、あらためて宇垣一成の擁立による新党の結成をめざす。斎藤は一九四五年一一月一六日の日本進歩党の結成に参画する。初代総裁は元民政党総裁の町田忠治だった。斎藤の年末の日記はこの年を振り返って希望に満ちている。「終戦後政治界の形勢一変して活動の途《みち》開かる。余の地位と名声は昂上《こうじょう》す」。

旧民政党系の斎藤に対して、旧政友会系の鳩山一郎もいち早く九月六日には新党創立事務所を設ける。鳩山は一一月九日に旧政友会勢力を基礎とする日本自由党を結成した。

こうして戦前の政友会と民政党の二大政党は、党名を変えながらも戦後政治に復活する。旧政友会系の日本自由党と旧民政党系の進歩党がその後、紆余曲折を経て自由民主党になって保守一党優位の政治体制を確立する過程は、別に論じなくてはならない。

おわりに

二大政党制の過去・現在・未来

日本は二大政党制が機能する国なのか？

二〇一二（平成二四）年の消費税増税法案をめぐる国会審議の有様を見れば、誰もが疑問を抱く。政権交代後の三年間に急速に進んだ民主党の自民党化の結果が民主・自民・公明三党の賛成による衆議院の通過だった。民・自の連携が一つの政党のようになれば、新しい一党優位体制が成立しかねない。これでは戦後の自民党一党優位体制と選ぶところがない。政権交代しても政治は変わらないのではないか。行き詰った政党政治の現状の打破を期待して、橋下徹《はしもととおる》大阪市長の日本維新の会に支持が集まる。

これからの日本の政党政治はどうなるのか？　第Ⅶ章までの本論で追跡した二大政党（政友会と民政党）の歴史からの類推によって考える。

なぜ戦前の政党政治の歴史と比較するのか――。あらためて以下の三つの理由を確認する。

第一に、日本は二大政党の政治の歴史を戦前にしか持っていないからである。今は戦後の一党優位体制の歴史よりも戦前政党政治の歴史の方が学ぶべき教訓に満ちている。現在の日本に必要なのは、戦前の二大政党制の政治的な遺産を継承することである。

第二に、戦前も今も共通するのが格差拡大社会の問題だからである。戦後の高度経済成長と「一億総中流」意識は、社会の格差縮小をもたらした。しかし今、再び戦前の日本と同様に、社会の格差が拡大している。

第三に、危機的な状況の類似性である。三・一一東日本大震災後の今の日本は、「非常時」でありながら、「小康」を得ているように見える。この「非常時小康」とは、戦前のある時期の同時代評価である。当時と今を比較することは有用だろう。

第一の類似点

第一の類似点は、一九二四（大正一三）年の加藤高明《たかあき》内閣の成立から始まる。加藤内閣の幣原喜重郎《きじゅうろう》外相が就任後の議会演説で強調したのは、外交政策の継続性だった。「一国の政府が公然外国に与えた約束は、条約に依《よ》ると否とを問わず、如何《いか》に政府又は内閣の更迭がありましても此等《これら》の更迭によって変更し得べきものではありませぬ」。

首相の加藤は、第一次世界大戦時の一九一五年に、中国に帝国主義的な要求、対華二一ヵ条要求をおこなった第二次大隈重信《しげのぶ》内閣の外相だった。第二次大隈内閣の与党三党が合同してできた憲政会を与党とする加藤内閣である以上、帝国主義外交を展開するにちがいなかった。

ところが加藤内閣は、対立する政友会の原敬《たかし》内閣が確立した国際協調（対米協調・中国内政不干渉）外交の継続を掲げた。戦前日本の二大政党制は、外交政策の継続をともなって出発した。

このような第一の類似点の今日的な意味は明らかだろう。二〇〇九（平成二一）年の政権交代の際、鳩山由紀夫《はとやまゆきお》民主党内閣の岡田克也《おかだかつや》外相は、幣原外相のように外交政策の継続性の観点から沖縄の基地問題をめぐるアメリカと自民党の前政権との合意を引き継ぐべきだった。合意事項の継承によって信頼関係を形成する。そのつぎの段階としてならば、新しい対等な日米同盟関係の構築をめざすことも可能になるだろう。しかし今は振り出しに戻った。外交政策の継続の原点から再出発する以外にない。

国際協調外交の継続を強調した加藤内閣は、他方で男子普通選挙制度の実現を目標に掲げた。対する資本家と地主の保守政党＝政友会は、普選時期尚早の立場だった。その政友会といえども、いざ普選実施となれば、新たに生まれる有権者約一〇〇〇万人の獲得に向けて、労働者や農民、さらには潜在的な有権者の女性にまで党勢拡大の手を伸ばす。ここに政友会と憲政会（のちの民政党）の二大政党制が展開する。

第二の類似点

第二の類似点、社会の格差拡大がもっとも深刻になったのは、世界恐慌下の一九三〇（昭和五）年である。資本家対労働者、地主対農民、男性対女性、都市対地方の格差が極限に達する。民政党の浜口雄幸《おさち》内閣の恐慌克服政策は、金解禁と緊縮財政だった。この政策は功を奏することなく、経済危機が拡大した。

それでも国民は浜口内閣を支持する。この年二月の総選挙は民政党が二七三議席で圧勝している。民政党は選挙期間中、緊縮財政にともなう国民の生活水準の低下を否定しなかった。なぜ民政党は勝ったのか。

社会の経済的な平準化を求めて、国民が民政党に投票したからである。格差の是正のためならば、貧しくなってもかまわない。このような国民の覚悟に応えるために、緊縮財政に聖域を設けることなく、軍事費の削減に挑戦した浜口内閣は、軍部の反対を押し切って、ロンドン海軍軍縮条約に調印する。ここに〈昭和デモクラシー〉は、発展の頂点に達した。

この事例は何を示唆するのか。消費税増税論議は反対論が弱かった。消費税の引き上げは家計を圧迫する。それはそれでかまわない、国家による富の再分配メカニズムが有効に機能するのであれば。負担は福祉・医療・年金などの公共サービスに還元されるからである。当時も今も賢明な国民の数は、政治家が考えるよりも多い。

二大政党の内閣は、世界恐慌下の経済危機の拡大に止《とど》まらず、さらに二つの危機に直面する。対外危機（一九三一年九月の満州事変）と国内危機（一九三二年五月の五・一五事件）である。

満州事変は政党政治に対する外からのクーデタだった。対する二大政党は、立場のちがいを超えて提携し、協力内閣構想で対抗する。協力内閣構想は満州事変の拡大にブレーキをかける。そうなると両党は、この構想から離れて一九三二年二月の総選挙の勝利による単独政権をめざすようになる。

一九三一年一二月、政友会の犬養毅内閣が成立する。この政友会単独内閣は満州事変の拡大になす術《すべ》がなかった。さらに五・一五事件が起きる。三つの危機の沈静化に失敗した政党内閣は崩壊する。

国民は犬養の死を惜しんだ。しかし政党内閣の崩壊を嘆くことはなかった。国民の同情は五・一五事件の首謀者たちに寄せられる。農村の惨状や政党政治の腐敗を告発した彼らに対する減刑嘆願運動の署名者数は一〇〇万人を超える。国民にとって五・一五事件を誘発したような党利党略にまみれた二大政党制に用はなかった。

協力すべき時に協力しないことの代償は大きい。これはいつの時代も同じだ。当時もそうだった。満州事変の不拡大を目的とする協力内閣構想は、民政党内閣の閣内一致を直接の理由として実現しなかった。「選挙の神様」と呼ばれた内相安達謙蔵《けんぞう》は民政党を脱党して新党(国民同盟)を結成する。他方で単独内閣をめざした政友会がどこに行き着いたかは本論に記したとおりである。五・一五事件後、政党内閣が復活することはなかった。

二大政党制の頂点から急角度の転落へ、その背景に何があったのか――。国民は二大政党制の時代から苦い教訓を学んだ。二大政党制は、政策の優劣を競う政治システムではなくなった。反対党の失点が自党の得点になる。二大政党制の下で党利党略が激しくなる。国民は機能不全に陥った二大政党制を見放した。

二大政党制の歴史の教訓は重い。日本が今めざしているのは二大政党制だとすれば、戦前と同様の結果に陥りかねない。国民は社会的な格差の是正と低成長・少子高齢化社会にふさわしい新たな生活様式を模索している。このような要求に応えることができるのならば、国民は二大政党制を選択する。そうでなければ別の複数政党制の前提となるような政党政治の再編を求めるだろう。

政党内閣を崩壊させた三つの危機のうち、経済危機は高橋是清《これきよ》蔵相の積極財政の成功によって克服する。対外危機も一九三三年五月の塘沽《タンクー》停戦協定を境に沈静に向かう。以上にともなって、テロやクーデタの国内危機のおそれも後退する。日本は「非常時小康」の時代を迎える。

危機は過ぎ去ったと思った瞬間に再来する。当時がそうだった。「非常時小康」は日中全面戦争の勃発を経て、戦時体制に転換したからである。

第三の類似点

重要なのは、第三の類似点「非常時小康」のうちに、危機の再来を防ぐ国内体制を構築することである。これは当時も今も変わらない。当時のこのような試みが政民連携運動だった。二大政党が「ファッショ排撃、議会政治擁護、内外国策の確立、政党信用の確立」を掲げて、連携する。政民連携運動が今日に示唆するところは大きい。これからの日本の複数政党制は、二大政党制とあらかじめ決まっているわけではない。今も「内外国策の確立」と「政党信用の確立」のために、政党は立場のちがいを超えて、連携する必要がある。

政民連携運動は、総選挙が近づくにつれて、解消に向かった。両党は二大政党制の限界を克服できなかった。政友会の責任は重い。単独政権志向を強めた政友会は、民政党に対抗するために、軍部などの非政党勢力との提携を進めたからである。

国民は政友会の責任を見逃さなかった。一九三六（昭和一一）年二月二〇日の総選挙において、政友会は三〇一から一七一議席へと激減した。対する民政党は二〇五議席の第一党になった。社会大衆党は、五から一八議席へ大躍進を遂げる。政民連携運動の解消後も、国民は二大政党制に代わる新しい政党政治の枠組みを求めた。この総選挙の直後に起きた二・二六事件と翌年七月の日中戦争の勃発によって、再び危機が顕在化する。

戦時体制は翼賛体制をもたらす。その画期となったのが斎藤隆夫《たかお》の「反軍演説」問題だった。民政党の斎藤は、一九四〇年二月二日の衆議院で、政府の日中戦争の収拾方針を批判する演説をおこなう。軍部の圧力は議会に斎藤の議員除名を強いた。これをきっかけに政党が雪崩《なだれ》を打って解消していく。その結果が同年一〇月の大政翼賛会の成立である。

戦時下の国民は、軍部に強制されて戦争に協力するほかなかったのか。そうではなかった。それが証拠に斎藤は、二年後の翼賛選挙において、非推薦の候補ながら、兵庫五区からトップ当選を果たしている。斎藤は軍部の政治介入よりも政党の「無気力」をより強く批判する。翼賛体制を招いたのは、斎藤を支持し続けたような民意を受け止めきれない政党の「無気力」だった。

国民の意思はすでに一九三七年四月三〇日の総選挙の結果が示していた。第一党は議席を減らしながらも民政党であり、引き続き無産政党が躍進した。国民が求め続けたのは、格差の是正をとおして平等な社会を実現する社会民主主義的な改革だった。政民の二大政党は、改革志向の国民の期待に応えることができなかった。

代わりに軍部が無産政党の協力を得て、国家社会主義体制のなかに国民の意思を吸収していく。この体制が軍部独裁に見えなかったのは、近衛文麿《ふみまろ》首相が主導したからである。

国民は高貴な出自の近衛に腐敗した政党政治と軍部独裁からの救済を求めた。しかしすべての政治勢力と大多数の国民の支持を得ながら、近衛は戦争の拡大を回避できなかった。大衆民主主義は大衆迎合主義に陥りやすい。私たちはカリスマ的な指導者よりも政策の実行力がある首相を求めるべきだろう。

二大政党は自ら解党してまでも、近衛新党に参画しようとした。しかし近衛新党ではなく、大政翼賛会が成立する。大政翼賛会は体制統合の主体になることができず、急速に形骸化していく。近衛は政権を投げ出す。ほどなくして日米戦争が始まる。四年後、帝国日本は敗北する。

歴史の教訓

以上の戦前政党政治の歴史から何を学ぶべきか、三点にまとめ直してみる。

第一に、二大政党制よりも連立政権の重要性である。戦前の日本政治は、二大政党制の限界を克服するために、新しい政党間提携を模索した。同様に今の日本政治も、二大政党制の確立を急ぐよりも、民意の複雑な方程式の最適解を求めて、連立政権の再編を試みるべきである。この観点に立つと、二〇〇九（平成二一）年の政権交代は、自民・公明から民主・社民・国民新への連立政権の再編と解釈できる。

第二に、私たちが求めるべきは、国民と痛みを分かち合える政治指導者である。甘口の利益誘導を図る政治家に用はない。低成長と超少子高齢化社会を前提とするならば、戦時下の国民と同様に、下方平準化であっても、国民は政府による公共財の平等な再分配を求めるだろう。必要なのは、自己を犠牲にしてでも解決困難な国家的な課題に取り組むだけの胆力がある政治指導者である。

第三に、政治参加に対する国民の責任感覚の回復である。戦前の日本国民は、政党内閣崩壊後も希望を捨てることなく、新しい社会の実現をめざした。私たちも日本政治に対する責任を分有しながら、議会制民主主義の発展に参加し続けなくてはならない。

参考文献リスト

全体に関わるもの

粟屋憲太郎『昭和の政党』（岩波現代文庫、二〇〇七年）
北岡伸一『日本の近代5　政党から軍部へ――1924～41』（中央公論新社、一九九九年）
中村隆英『昭和史』上（東洋経済新報社、二〇一二年）
『政友』
『民政』

第Ⅰ章

井上寿一『山県有朋と明治国家』（NHKブックス、二〇一〇年）
井上光貞、児玉幸多、永原慶二、大久保利謙編『日本歴史大系5――近代Ⅱ』（山川出版社、一九八九年）
川人貞史『日本の政党政治1890―1937年――議会分析と選挙の数量分析』（東京大学出版会、一九九二年）
瀧井一博編『伊藤博文演説集』（講談社学術文庫、二〇一一年）
田中義一伝記刊行会編『田中義一伝記』下（田中義一伝記刊行会、一九五八年）

坂野潤治『近代日本政治史』（岩波書店、二〇〇六年）
坂野潤治、宮地正人編『日本近代史における転換期の研究』（山川出版社、一九八五年）
升味準之輔『新装版　日本政党史論5』（東京大学出版会、二〇一一年）
三谷太一郎『日本政党政治の形成――原敬の政治指導の展開』（東京大学出版会、一九六七年）

第Ⅱ章

石橋湛山全集編纂委員会編『石橋湛山全集』第5巻（東洋経済新報社、一九七一年）
石橋湛山全集編纂委員会編『石橋湛山全集』第6巻（東洋経済新報社、一九七一年）
財団法人櫻田会（立憲民政党史研究会編）『総史立憲民政党史　理論編・資料編』（財団法人櫻田会、一九八九年）
斎藤隆夫『回顧七十年』（中公文庫、一九八七年）
斎藤隆夫（伊藤隆編）『斎藤隆夫日記』上（中央公論新社、二〇〇九年）
季武嘉也、武田知己編『日本政党史』（吉川弘文館、二〇一一年）
塚田昌夫編『立憲民政党史』下（原書房、一九七三年）
波多野勝『浜口雄幸――政党政治の試験時代』（中公新書、一九九三年）

第Ⅲ章

石橋湛山全集編纂委員会編『石橋湛山全集』第6巻（東洋経済新報社、一九七一年）
奥健太郎『昭和戦前期立憲政友会の研究――党内派閥の分析を中心に』（慶應義塾大学出版会、二〇〇四年）
幣原喜重郎『外交五十年』（中公文庫、一九八七年）

高橋是清『随想録』（中公クラシックス、二〇一〇年）
『政友特報』

第Ⅳ章

F・L・アレン『オンリー・イエスタデイ──1920年代・アメリカ』（ちくま文庫、一九九三年）
石橋湛山全集編纂委員会編『石橋湛山全集』第7巻（東洋経済新報社、一九七一年）
井上寿一『戦前日本の「グローバリズム」──一九三〇年代の教訓』（新潮選書、二〇一一年）
井上寿一『戦前昭和の国家構想』（講談社選書メチエ、二〇一二年）
ジョン・K・ガルブレイス『大暴落1929』（日経BP社、二〇〇八年）
小林躋造（伊藤隆、野村実編）『海軍大将小林躋造覚書』（山川出版社、一九八一年）

第Ⅴ章

芦田均（福永文夫、下河辺元春編）『芦田均日記──一九〇五─一九四五』第3巻（柏書房、二〇一二年）
石橋湛山全集編纂委員会編『石橋湛山全集』第8巻（東洋経済新報社、一九七一年）
井上寿一『危機のなかの協調外交──日中戦争に至る対外政策の形成と展開』（山川出版社、一九九四年）
井上寿一『戦前日本の「グローバリズム」──一九三〇年代の教訓』（新潮選書、二〇一一年）
井上寿一『戦前昭和の国家構想』（講談社選書メチエ、二〇一二年）
臼井勝美『満洲国と国際連盟』（吉川弘文館、一九九五年）
外務省編『日本外交文書　満州事変』第一巻第三冊（外務省、一九七八年）
北沢治編著『帝国議会衆議院秘密会議事録集』上巻（教育図書刊行会、一九九七年）

幣原喜重郎『外交五十年』（中公文庫、一九八七年）
篠原初枝『国際連盟——世界平和への夢と挫折』（中公新書、二〇一〇年）
竹内夏積編『松岡全権大演説集』（大日本雄弁会講談社、一九三三年）
原田熊雄述『西園寺公と政局』第二巻（岩波書店、一九五〇年）
半藤一利『昭和史探索〈2〉一九二六—四五』（ちくま文庫、二〇〇七年）
坂野潤治『日本近代史』（ちくま新書、二〇一二年）
牧野伸顕（伊藤隆、広瀬順晧編）『牧野伸顕日記』（中央公論社、一九九〇年）

第Ⅵ章

芦田均（福永文夫、下河辺元春編）『芦田均日記——一九〇五—一九四五』第3巻（柏書房、二〇一二年）
井上寿一『危機のなかの協調外交——日中戦争に至る対外政策の形成と展開』（山川出版社、一九九四年）
井上寿一『戦前昭和の国家構想』（講談社選書メチエ、二〇一二年）
小原直『小原直回顧録』（中公文庫、一九八六年）
小林躋造（伊藤隆、野村実編）『海軍大将小林躋造覚書』（山川出版社、一九八一年）
小山完吾『小山完吾日記』（慶應通信、一九五五年）
坂野潤治、宮地正人編『日本近代史における転換期の研究』（山川出版社、一九八五年）
牧野伸顕（伊藤隆、広瀬順晧編）『牧野伸顕日記』（中央公論社、一九九〇年）
宮澤俊義『転回期の政治』（中央公論社、一九三六年）
『政友特報』
『東京朝日新聞』

第Ⅶ章

芦田均（福永文夫、下河辺元春編）『芦田均日記――一九〇五―一九四五』第4巻（柏書房、二〇一二年）
伊藤隆『近衛新体制――大政翼賛会への道』（中公新書、一九八三年）
井上敬介「立憲民政党の解党――立憲政治構想の視点から」（『ヒストリア』二一五号、二〇〇九年六月）
井上寿一『日中戦争下の日本』（講談社選書メチエ、二〇〇七年）
井上寿一『戦前日本の「グローバリズム」――一九三〇年代の教訓』（新潮選書、二〇一一年）
宇垣一成文書研究会編『宇垣一成関係文書』（芙蓉書房出版、一九九五年）
大麻唯男伝記研究会編『大麻唯男――伝記編』（財団法人櫻田会、一九九六年）
大木操『大木日記――終戦時の帝国議会』（朝日新聞社、一九六九年）
奥健太郎『昭和戦前期立憲政友会の研究――党内派閥の分析を中心に』（慶應義塾大学出版会、二〇〇四年）
風見章（北河賢三、望月雅士、鬼嶋淳編）『風見章日記・関係資料――1936―1947』（みすず書房、二〇〇八年）
小山完吾『小山完吾日記』（慶應通信、一九五五年）
斎藤隆夫（伊藤隆編）『斎藤隆夫日記』下（中央公論新社、二〇〇九年）
副田義也編『内務省の歴史社会学』（東京大学出版会、二〇一〇年）
高岡裕之『総力戦体制と「福祉国家」――戦時期日本の「社会改革」構想』（岩波書店、二〇一一年）
手島仁『中島知久平と国政研究会』下（みやま文庫、二〇〇九年）
古川隆久『戦時議会』日本歴史叢書新装版（吉川弘文館、二〇〇一年）
御厨貴、政策研究大学院大学『大室政右オーラルヒストリー』（元国民精神総動員運動事務局員・元東京都議会自民党幹事長）――オーラル・メソッドによる政策の基礎研究／C．O．E．オーラル・政策研究プロジェクト』（政策研究大学院大学、二〇〇四年）
吉見義明、横関至編『資料日本現代史4　翼賛選挙1』（大月書店、一九八一年）
吉見義明、横関至編『資料日本現代史5　翼賛選挙2』（大月書店、一九八一年）
『第一回中央協力会議会議録』（大政翼賛会、一九四一年）

あとがき

二〇〇九（平成二一）年の政権交代から三年後の今、眼前に荒涼とした政治の風景が広がる。あの総選挙の時、民主党は巧みに語りかけた。「エリのクマ退治」、「森の伐採」、これらのキャッチフレーズが何を意味するのか、今となってはわからない。自民党政治に代わって新しい政治を作ろう。共感をもって迎えられた民主党のメッセージは色あせて、国民に届かなくなっている。政権交代にもかかわらず、なぜ政治はよくならないのか。国民の失望と不信が深まる。

このような国民の政治心理は既視感がつきまとう。戦前昭和の二大政党制の時代が思い起こされるからである。戦前昭和の国民心理も同じだったのではないか。新しい政党政治の幕開けを告げたはずの第一回男子普通選挙（一九二八〔昭和三〕年二月）から三年後、帝国議会では政友会と民政党が党利党略に駆られて、乱闘騒ぎを演じていた。当時と今の国民心理が二重写しとなる。

戦前昭和と今日の政党政治を比較すれば、何か示唆を得られるのではないか？　そう考えていた時、中公新書編集部の白戸直人氏から政友会と民政党をテーマとする新書執筆のお誘いを受けた。すでに他の複数の出版社と約束をしており、テーマが異なるとはいっても、刊行の優先順位を乱すのはためらわれた。それでも書くと決めたのは、つぎの総選挙よりも前に、及ばずながら、日本の政党政治を歴史的な観点から考える手がかりを提供したいと考えたからである。

政友会と民政党の党機関誌を読むのは楽しかった。先入観をくつがえす驚きに満ちていたからである。しかしそれを文字にするのはむずかしかった。刊行予定月が近づく。立ち往生しかけた。

こんなことは今に始まったことではなく、これまで何度も経験している。追い込まれてどうにもならなくなった時は、モダンホラー小説の帝王スティーヴン・キングの言葉に救いを求めるのが常である。手詰まりで書きあぐねたからといって、途中で投げ出してはならないことである。作家は意に添わずとも書き続けなくてはならない。自分では地べたにへたり込んで汚泥をほじくり返しているとしか思えないような時、案外、いい仕事をしているかもしれない」。キングは書き手を励ます。「大切なのは、気分が乗らず、あるいは、「いい仕事」だったか否かはともかく、何とか書き上げた。白戸氏のチェックを受けて書き直しただけでなく、並木光晴氏に引き継いでいただいた編集作業にも、大いに助けられた。ここであらためて中公新書編集部の白戸氏と並木氏に感謝の気持ちを表したい。

戦前昭和と今の二大政党は悪いところばかり似ている。民主党が民政党から学ぶべきは、官僚を批判するよりも使いこなすことだろう。〈昭和デモクラシー〉の発展のために、民政党が新官僚と提携し、社会大衆党や陸軍「統制派」にまで手を伸ばしたことは、今日の文脈で再解釈するに値する。

他方で自民党が政友会から学ぶべきは何か？　一九三〇年の総選挙で一敗地にまみれた政友会は反省した。東北の農村から東京のスラム街まで徹底的に調査した政友会は、あらゆる社会階層の求める政治から政策を導き出そうと試みた。自民党も政友会と同様に包括政党をめざすべきである。

今年の五月刊行の著書『戦前昭和の国家構想』（講談社選書メチエ）で、つぎは戦後に取り組むと記した。その一部を『NHKさかのぼり日本史〈外交篇〉（1）戦後〝経済外交〟の軌跡――なぜ、アジア太平洋は一つになれないのか』（NHK出版）にまとめたものの、二ヵ月後には本書で戦前に戻った。しばらくは戦前と戦後を同時進行で追跡することになりそうである。

二〇一二年一〇月

井上寿一

関係略年表

西暦	年号	内閣	事項
一九〇〇	明治三三	山県② 伊藤④	6~9月北清事変（義和団事件により出兵）。9月15日立憲政友会結成（総裁伊藤博文）。10月19日第四次伊藤内閣成立。
一九〇一	明治三四	桂①	
一九〇二	明治三五		1月30日日英同盟協約。
一九〇三	明治三六		7月13日西園寺公望、政友会総裁就任。
一九〇四	明治三七		2月10日日露戦争（~一九〇五）。8月22日第一次日韓協約。
一九〇五	明治三八		9月5日ポーツマス条約（日露講和条約）。9月5日日比谷焼打ち事件。 11月17日第二次日韓協約（12月21日韓国統監府設置）。
一九〇六	明治三九	西園寺①	11月26日南満州鉄道株式会社（満鉄）設立。
一九〇七	明治四〇		1月戦後恐慌始まる。4月4日帝国国防方針。7月24日第三次日韓協約。
一九〇八	明治四一	桂②	
一九〇九	明治四二		10月26日伊藤博文、ハルビンで暗殺される。
一九一〇	明治四三		3月13日立憲国民党結成。5月25日大逆事件の検挙始まる。8月22日韓国併合。
一九一一	明治四四	西園寺②	
一九一二	明治四五／大正元	桂③	12月14日大正改変（第一次憲政擁護運動、~一九一三）。

関係略年表

一九一三	大正二	山本①	2月7日桂首相、立憲同志会設立。
一九一四	大正三	大隈②	1月23日シーメンス事件。3月23日貴族院、海軍拡張予算案を否決。3月24日山本内閣総辞職。4月6日清浦内閣流産。6月18日原敬、政友会総裁就任。7月28日第一次世界大戦（～一九一八）。
一九一五	大正四		1月18日対華二一ヵ条要求。3月25日第一二回総選挙（同志会第一党）。
一九一六	大正五	寺内	1月吉野作造、論文「憲政の本義を説いて其有終の美を済すの途を論ず」を発表（民本主義の提唱）。10月9日寺内超然内閣成立。10月10日憲政会結成（総裁加藤高明）。＊この年、大戦景気始まる。
一九一七	大正六		4月20日第一三回総選挙（政友会第一党）。9月12日金輸出禁止（金本位制停止）。11月2日石井・ランシング協定。11月7日ロシア革命。
一九一八	大正七	原	7月23日米騒動始まる。8月シベリア出兵。9月29日原内閣成立。
一九一九	大正八		3月1日三・一運動。5月4日五・四運動。5月23日選挙法改正（直接国税三円以上）。6月28日ヴェルサイユ条約。
一九二〇	大正九		1月10日国際連盟発足（日本加盟）。2月11日東京普選大示威運動。3月戦後恐慌始まる。5月10日第一四回総選挙（政友会絶対多数）。
一九二一	大正一〇	高橋	11月4日原首相、東京駅頭で暗殺される。11月12日ワシントン会議（～一九二二）で四ヵ国条約に調印。
一九二二	大正一一	加藤友	2月6日ワシントン海軍軍縮条約、九ヵ国条約。
一九二三	大正一二	山本②	9月1日関東大震災。12月27日虎の門事件。
一九二四	大正一三	清浦 加藤高①	1月10日第二次憲政擁護運動。1月16日政友会分裂。1月29日政友本党結成（総裁床次竹二郎）。6月11日加藤高明護憲三派内閣（憲政会・政友会・革新倶楽部）成立。

一九二五	大正一四	加藤②	1月20日日ソ基本条約。3月19日治安維持法。3月29日普通選挙法。7月31日加藤高明内閣総辞職。8月2日加藤高明憲政会内閣成立。
一九二六	大正一五／昭和元	若槻①	7月9日蔣介石、北伐開始（～一九二八）。12月25日大正天皇逝去。
一九二七	昭和二	田中	3月金融恐慌始まる（4月5日鈴木商店倒産、4月18日台湾銀行休業）。4月20日田中政友会内閣成立。5月28日山東出兵（～一九二八）。6月1日憲政会と政友本党が合同し、立憲民政党結成。6月27日東方会議。
一九二八	昭和三		2月20日第一六回総選挙（第一回男子普通選挙）。3月15日三・一五事件。5月3日済南事件。6月4日張作霖爆殺事件。8月27日不戦条約。
一九二九	昭和四	浜口	7月2日浜口民政党内閣成立。10月24日世界恐慌始まる。
一九三〇	昭和五		1月11日金輸出解禁（金本位制復帰）。1月21日ロンドン海軍軍縮会議（4月22日ロンドン海軍軍縮条約調印）。2月20日第一七回総選挙（民政党圧勝）。5月6日日華関税協定。
一九三一	昭和六	若槻② 犬養	9月18日柳条湖事件（満州事変始まる）。10月17日十月事件。12月13日金輸出再禁止（金本位制離脱）。
一九三二	昭和七	斎藤	1月28日上海事変。2月20日第一八回総選挙（政友会圧勝）。2～3月血盟団事件。3月1日満州国建国。3月国際連盟、リットン調査団派遣。5月15日五・一五事件。5月26日斎藤挙国一致内閣成立。7月24日社会大衆党結成。9月15日日満議定書。
一九三三	昭和八		1月30日ドイツ、ナチス政権成立。3月アメリカ、ニューディール政策開始。3月27日国際連盟脱退。3～5月滝川事件。5月31日塘沽停戦協定。
一九三四	昭和九	岡田	3月1日満州国帝政実施。7月8日岡田内閣成立。

一九三五	昭和一〇		2月18日美濃部達吉の天皇機関説、問題化。5月11日内閣審議会・内閣調査局設立。8月3日国体明徴声明。8月12日相沢事件（陸軍省軍務局長永田鉄山、斬殺される）。
一九三六	昭和一一	広田	2月20日第一九回総選挙（民政党圧勝、政友会惨敗、社会大衆党躍進）。2月26日二・二六事件。3月9日広田内閣成立。5月18日軍部大臣現役武官制復活。11月25日日独防共協定。12月31日ワシントン海軍軍縮条約・ロンドン海軍軍縮条約失効。
一九三七	昭和一二	林 近衛①	1月21日割腹問答。1月29日宇垣内閣流産。2月2日林内閣成立。4月30日第二〇回総選挙（民政・政友両党拮抗、社会大衆党躍進）。6月4日近衛内閣成立。7月7日盧溝橋事件（日中戦争始まる）。11月6日日独伊防共協定。11月20日大本営設置。
一九三八	昭和一三		2月17日三多摩防共護国団、政友・民政両党本部占拠。3月3日陸軍中佐佐藤賢了、衆議院での「黙れ」発言が問題化。3月16日社会大衆党の西尾末広、「スターリンのごとく」と失言（3月23日議員除名）。4月1日国家総動員法。10月29日政友・民政両党、「東亜再建国民運動」共同宣言発表。
一九三九	昭和一四	平沼 阿部	1月5日平沼内閣成立。4月30日政友会分裂（久原房之助派と中島知久平派）。5月20日久原房之助、政友会正統派総裁就任。8月23日独ソ不可侵条約。8月30日阿部内閣成立。9月1日独軍、ポーランドに侵攻（第二次世界大戦始まる）。
一九四〇	昭和一五	米内	2月2日民政党の斎藤隆夫、衆議院で「反軍演説」（3月7日議員除名）。3月9日社会大衆党、片山哲ら斎藤除名反対派を除名。3月25日聖戦貫徹

		近衛②	議員連盟結成。6月24日近衛文麿、新体制運動に乗り出す。7月6日社会大衆党解党。7月16日政友会正統派解党。7月22日第二次近衛内閣成立。7月26日国民同盟解党。7月30日政友会革新派解党。8月15日民政党解党。9月27日日独伊三国同盟。10月12日大政翼賛会発会式挙行。10月22日東方会解党。11月10日紀元二六〇〇年記念式典挙行。11月24日西園寺公望逝去(12月5日国葬)。12月20日衆議院議員倶楽部結成(尾崎行雄らを除く四三五名参加)。
一九四一	昭和一六	近衛③ 東条	9月2日衆議院議員倶楽部解散、翼賛議員同盟結成。10月18日東条内閣成立。12月8日真珠湾攻撃。
一九四二	昭和一七		2月23日翼賛政治体制協議会結成(5月5日解散)。4月24日尾崎行雄、不敬罪で起訴される。4月30日第二一回総選挙(翼賛選挙)。5月19日翼賛議員同盟解散。5月20日翼賛政治会創立総会開催。6月5日ミッドウェー海戦。8月7日米軍、ガダルカナル島上陸。
一九四三	昭和一八		10月21日中野正剛、東条内閣批判演説会を開催し、検挙される。
一九四四	昭和一九	小磯	6月27日不敬罪に問われた尾崎行雄、無罪判決。10月24日レイテ沖海戦。11月24日B29による東京初空襲。
一九四五	昭和二〇	鈴木	2月4日ヤルタ会談。3月10日東京大空襲。3月30日翼賛政治会解散、大日本政治会結成。5月7日ドイツ降伏。6月13日大政翼賛会解散。8月6日広島に原爆投下(8月9日長崎に投下)。8月8日ソ連、対日参戦。8月15日敗戦。

井上寿一（いのうえ・としかず）

1956年（昭和31年），東京都に生まれる．一橋大学社会学部卒業．同大学院法学研究科博士課程，一橋大学助手などを経て，現在，学習院大学法学部教授．法学博士．専攻は日本政治外交史．

著書『危機のなかの協調外交』（山川出版社，吉田茂賞）
『アジア主義を問いなおす』（ちくま新書）
『日中戦争下の日本』（講談社選書メチエ）
『昭和史の逆説』（新潮新書）
『吉田茂と昭和史』（講談社現代新書）
『山県有朋と明治国家』（NHKブックス）
『戦前昭和の社会 1926-1945』（講談社現代新書）
『戦前日本の「グローバリズム」』（新潮選書）
『戦前昭和の国家構想』（講談社選書メチエ）
ほか

政友会《せいゆうかい》と民政党《みんせいとう》
中公新書 *2192*

2012年11月25日初版
2012年12月25日再版

著 者 井上寿一
発行者 小林敬和

本文印刷 三晃印刷
カバー印刷 大熊整美堂
製 本 小泉製本

発行所 中央公論新社
〒104-8320
東京都中央区京橋 2-8-7
電話 販売 03-3563-1431
編集 03-3563-3668
URL http://www.chuko.co.jp/

Published by CHUOKORON-SHINSHA, INC.
Printed in Japan ISBN978-4-12-102192-2 C1221

中公新書刊行のことば

一九六二年一一月

いまからちょうど五世紀まえ、グーテンベルクが近代印刷術を発明したとき、書物の大量生産は潜在的可能性を獲得し、いまからちょうど一世紀まえ、世界のおもな文明国で義務教育制度が採用されたとき、書物の大量需要の潜在性が形成された。この二つの潜在性がはげしく現実化したのが現代である。

いまや、書物によって視野を拡大し、変りゆく世界に豊かに対応しようとする強い要求を私たちは抑えることができない。この要求にこたえる義務を、今日の書物は背負っている。だが、その義務は、たんに専門的知識の通俗化をはかることによって果たされるものでもなく、通俗的好奇心にうったえて、いたずらに発行部数の巨大さを誇ることによって果たされるものでもない。現代を真摯に生きようとする読者に、真に知るに価いする知識だけを選びだして提供すること、これが中公新書の最大の目標である。

私たちは、知識として錯覚しているものによってしばしば動かされ、裏切られる。私たちは、作為によってあたえられた知識のうえに生きることがあまりに多く、ゆるぎない事実を通して思索することがあまりにすくない。中公新書が、その一貫した特色として自らに課すものは、この事実のみの持つ無条件の説得力を発揮させることである。現代にあらたな意味を投げかけるべく待機している過去の歴史的事実もまた、中公新書によって数多く発掘されるであろう。

中公新書は、現代を自らの眼で見つめようとする、逞しい知的な読者の活力となることを欲している。

中公新書

哲学・思想

1 日本の名著 桑原武夫編
16 世界の名著 河野健二編
2113 近代哲学の名著 熊野純彦編
1999 現代哲学の名著 熊野純彦編
2187 物語 哲学の歴史 伊藤邦武
2036 日本哲学小史 熊野純彦編著
832 外国人による日本論の名著 佐伯彰一・芳賀徹編
1696 日本文化論の系譜 大久保喬樹
312 徳川思想小史 源了圓
2097 江戸の思想史 田尻祐一郎
1989 諸子百家 湯浅邦弘
2153 論語 湯浅邦弘
36 荘子 福永光司
1695 韓非子 冨谷至
1120 中国思想を考える 金谷治
2042 菜根譚 湯浅邦弘
1376 現代中国学 加地伸行
140 哲学入門 中村雄二郎
297 パラドックス 中村秀吉
575 時間のパラドックス 中村秀吉
1862 入門！論理学 野矢茂樹
448 詭弁論理学 野崎昭弘
593 逆説論理学 野崎昭弘
2087 フランス的思考 石井洋二郎
2035 ヴィーコ 上村忠男
1939 ニーチェ－ツァラトゥストラの謎 村井則夫
2131 経済学の哲学 伊藤邦武
1813 友情を疑う 清水真木
674 時間と自己 木村敏
1829 空間の謎・時間の謎 内井惣七
814 科学的方法とは何か 浅田彰・黒田末寿・佐和隆光・長野敬・山口昌哉
1986 科学の世界と心の哲学 小林道夫
1981 ものはなぜ見えるのか 木田直人
2176 動物に魂はあるのか 金森修
1333 生命知としての場の論理 清水博
1979 日本人の生命観 鈴木貞美
2166 精神分析の名著 立木康介編著

宗教・倫理

- 372 日本の神々　松前　健
- 2158 神道とは何か　伊藤　聡
- 288 日常佛教語　岩本　裕
- 1130 仏教とは何か　山折哲雄
- 2135 仏教、本当の教え　植木雅俊
- 134 地獄の思想　梅原　猛
- 196 法華経　田村芳朗
- 400 禅思想　柳田聖山
- 1807 道元の和歌　松本章男
- 1799 白隠―禅画の世界　芳澤勝弘
- 1526 法然讃歌　寺内大吉
- 1512 悪と往生　山折哲雄
- 1661 こころの作法　山折哲雄
- 989 儒教とは何か　加地伸行
- 1685 儒教の知恵　串田久治
- 1707 ヒンドゥー教―インドの聖と俗　森本達雄
- 572 イスラームの心　黒田壽郎
- 1717 ローマ帝国の神々　小川英雄
- 1446 聖書神話の解読　西山　清
- 2076 アメリカと宗教　堀内一史
- 2173 韓国とキリスト教　浅見雅一　安　廷苑

心理・精神医学

c1

- 2125 心理学とは何なのか　永田良昭
- 481 無意識の構造　河合隼雄
- 557 対象喪失　小此木啓吾
- 2061 認知症　池田学
- 1749 精神科医になる　熊木徹夫
- 463 青年期　笠原嘉
- 515 少年期の心　山中康裕
- 346 続・心療内科　池見酉次郎
- 1873 メンタルヘルス　藤本修
- 1659 心の起源　木下清一郎
- 1324 サブリミナル・マインド　下條信輔
- 1859 事故と心理　吉田信彌
- 1847 証言の心理学　高木光太郎
- 666 犯罪心理学入門　福島章
- 1796 犯罪精神医学入門　福島章
- 565 死刑囚の記録　加賀乙彦
- 1169 色彩心理学入門　大山正
- 318 知的好奇心　波多野誼余夫　稲垣佳世子
- 599 無気力の心理学　波多野誼余夫　稲垣佳世子
- 907 人はいかに学ぶか　稲垣佳世子　波多野誼余夫
- 2019 ネガティブ・マインド　坂本真士
- 1345 考えることの科学　市川伸一
- 757 問題解決の心理学　安西祐一郎

日本史

d1

2189	歴史の愉しみ方	磯田道史
1617	歴代天皇総覧	笠原英彦
1928	物語 京都の歴史	脇田修・脇田晴子
482	倭国	岡田英弘
147	騎馬民族国家（改版）	江上波夫
2164	魏志倭人伝の謎を解く	渡邉義浩
1085	古代朝鮮と倭族	鳥越憲三郎
1878	古事記の起源	工藤隆
2157	古事記誕生	工藤隆
2095	『古事記』神話の謎を解く	西條勉
1490	古地図からみた古代日本	金田章裕
804	蝦夷（えみし）	高橋崇
1041	蝦夷《えみし》の末裔	高橋崇
1622	奥州藤原氏	高橋崇
1293	壬申の乱	遠山美都男
1568	天皇誕生	遠山美都男
2038	天平の三姉妹	遠山美都男
1779	伊勢神宮―東アジアのアマテラス	千田稔
1607	飛鳥―水の王朝	千田稔
2168	飛鳥の木簡―古代史の新たな解明	市大樹
1681	藤原京	木下正史
1940	平城京遷都	千田稔
291	神々の体系	上山春平
1502	日本書紀の謎を解く	森博達
1802	古代出雲への旅	関和彦
1967	正倉院	杉本一樹
2054	正倉院文書の世界	丸山裕美子
2025	正倉院ガラスは何を語るか	由水常雄
1003	平安朝の母と子	服藤早苗
1240	平安朝の女と男	服藤早苗
2044	平安朝の父と子	服藤早苗
1844	陰陽師（おんみょうじ）	繁田信一
1867	院政	美川圭
608 613	中世の風景（上下）	阿部謹也・網野善彦・石井進・樺山紘一
1503	古文書返却の旅	網野善彦
1392	中世都市鎌倉を歩く	松尾剛次
1944	中世の東海道をゆく	榎原雅治
48	山伏	和歌森太郎
1217	武家の棟梁の条件	野口実
2127	河内源氏	元木泰雄
115	義経伝説	高橋富雄

中公新書

日本史

d2

1521 後醍醐天皇 森 茂暁
1608 太平記 松尾剛次
776 室町時代 脇田晴子
2179 足利義満 小川剛生
978 室町の王権 今谷 明
1983 戦国仏教 湯浅治久
1380 武田信玄 笹本正治
1872 信玄の戦略 柴辻俊六
2058 日本神判史 清水克行
2139 贈与の歴史学 桜井英治
1625 織田信長合戦全録 谷口克広
1907 信長と消えた家臣たち 谷口克広
1453 信長の親衛隊 谷口克広
1782 信長軍の司令官 谷口克広
2028 信長の天下所司代 谷口克広
1809 戦国時代の終焉 齋藤慎一
2080 江の生涯 福田千鶴
2084 戦国武将の手紙を読む 小和田哲男
784 豊臣秀吉 小和田哲男
2146 秀吉と海賊大名 藤田達生
642 関ヶ原合戦 二木謙一
476 江戸時代 大石慎三郎
870 江戸時代を考える 辻 達也
1227 保科正之(ほしな まさゆき) 中村彰彦
1817 島原の乱 神田千里
740 元禄御畳奉行の日記 神坂次郎
1945 江戸城―本丸御殿と幕府政治 深井雅海
1073 江戸城御庭番 深井雅海
1703 武士と世間 山本博文
883 江戸藩邸物語 氏家幹人
2079 武士の町 大坂 藪田 貫
1788 御家騒動 福田千鶴
1803 足軽目付犯科帳 高橋義夫
1099 江戸文化評判記 中野三敏
1886 写 楽 中野三敏
853 遊女の文化史 佐伯順子
1629 逃げる百姓、追う大名 宮崎克則
929 江戸の料理史 原田信男

日本史

中公新書

世界史

中公新書

現代史

f1

2105 昭和天皇 古川隆久
765 日本の参謀本部 大江志乃夫
632 海軍と日本 池田清
1904 軍神 山室建徳
881 後藤新平 北岡伸一
2192 政友会と民政党 井上寿一
377 満州事変 臼井勝美
1138 キメラ—満洲国の肖像（増補版） 山室信一
40 馬賊 渡辺龍策
1232 軍国日本の興亡 猪木正道
2144 昭和陸軍の軌跡 川田稔
76 二・二六事件（増補改版） 高橋正衛
2059 外務省革新派 戸部良一
1951 広田弘毅 服部龍二
1532 新版 日中戦争 臼井勝美

795 南京事件（増補版） 秦郁彦
84 90 太平洋戦争（上下） 児島襄
244 248 東京裁判（上下） 児島襄
1307 日本海軍の終戦工作 纐纈厚
2119 外邦図—帝国日本のアジア地図 小林茂
2015 「大日本帝国」崩壊 加藤聖文
2175 残留日本兵 林英一
2060 原爆と検閲 繁沢敦子
1459 巣鴨プリズン 小林弘忠
828 清沢《きよさわ》洌《きよし》（増補版） 北岡伸一
2033 河合栄治郎 松井慎一郎
2171 治安維持法 中澤俊輔
1759 言論統制 佐藤卓己
1711 徳富蘇峰 米原謙
1808 復興計画 越澤明
2046 内奏—天皇と政治の近現代 後藤致人
1243 石橋湛山 増田弘

2186 田中角栄 早野透
1976 大平正芳 福永文夫
1574 海の友情 阿川尚之
1875 「国語」の近代史 安田敏朗
2075 歌う国民 渡辺裕
1804 戦後和解 小菅信子
1900 「慰安婦」問題とは何だったのか 大沼保昭
2029 北朝鮮帰国事業 菊池嘉晃
1990 「戦争体験」の戦後史 福間良明
1820 丸山眞男の時代 竹内洋
1821 安田講堂 1968-1969 島泰三
2110 日中国交正常化 服部龍二
2137 国家と歴史 波多野澄雄
2150 近現代日本史と歴史学 成田龍一
2196 大原孫三郎—善意と戦略の経営者 兼田麗子

現代史